Geistlicher Schild,

so vor 300 Jahren von dem hl. Papst Leo X. bestätigt worden, wider alle gefährliche böse Menschen sowohl, als aller Hexerei und Teufelswerk entgegengesetzt.

Geistlicher Schild,

so vor 300 Jahren von dem hl. Papst Leo X. bestätigt worden, wider alle gefährliche böse Menschen sowohl, als aller Hexerei und Teufelswerk entgegengesetzt.

Darinnen sehr kräftige Segen und Gebete, teils von Gott offenbart, teils von Kirchen- und hl. Vätern gemacht und approbiert worden sind.
Nebst einen Anhang heiliger Segen, zum Gebrauch frommer katholischer Christen, um in allen Gefahren worin sowohl Menschen als Vieh oft geraten, gesichert zu sein.

Cum Licentia Ord. Cens. Ibib. An. 1647 impresa.

Impressum:
© 2016 Maria Weber (Hrsg.)
Herstellung und Verlag: BoD – Books on Demand, Norderstedt.
ISBN: 978-3-74129-838-7

Evangelium St. Johannes.

Dies Evangelium ist sehr kräftig gegen, das Ungewitter, Gespenst und allerlei Gefährlichkeiten, so man es bei sich trägt und in Gefahren andächtig betet.
Zum ersten bezeichne dich mit dem Daumen deine Stirn, Mund und Brust sprechend:

Im Namen Gottes des † Vaters, und des † Sohnes, und des hl. † Geistes Amen.
Im Anfang war das Wort, und das Wort war bei Gott, und Gott war das Wort: Dasselbige war im Anfang bei Gott. Alle Dinge sind durch dasselbe gemacht, und ohne dasselbe ist nichts gemacht, was gemacht ist. In ihm war das Leben und das Leben war das Licht der Menschen, und das Licht scheint in der Finsternis, und die Finsternisse habens nicht begriffen. Es war ein Mensch von Gott gesandt, der hieß Johannes. Derselbe kam zum Zeugnis, daß er von dem Licht zeugte, auf daß sie alle durch ihn glauben. Er war nicht das Licht, sondern daß er Zeugnis gebe von dem Licht. Es war ein wahrhaftiges Licht, welches erleuchtet einen jeden Menschen der in die Welt kommt. Er war in der Welt, und die Welt ist durch ihn gemacht worden, und die Welt hat ihn nicht erkennt. Er kam in sein Eigentum und die Seinigen nahmen ihn nicht auf. Wie viele ihn aber aufnahmen, denen gab er Gewalt, Kinder Gottes zu werden: denen, so in seinem Namen glauben;

welche nicht aus dem Geblüt, noch aus dem Willen des Fleisches, noch aus dem Willen des Mannes, sondern aus Gott geboren sind. Und das Wort ist Fleisch geworden, und hat in uns gewohnt. Und wir haben gesehen seine Herrlichkeit als des Eingeborenen vom Vater, voller Gnade und Wahrheit. Gott sei Dank.

Jetzt küsse das Evangelium, und spreche:

Durch die Kraft des hl. Evangeliums sollen zerstört und vertrieben werden alle Ungewitter, Gespenst und teuflische Nachstellungen, Amen.
Darnach schreibe diese 4 Buchstaben I. N. R. I. mit deinem Daumen auf deine Stirn, sprechend:

Jesus von Nazareth, ein König der Juden. Dieser siegreiche Titel Jesu Christi, des Gekreuzigten, sei zwischen mir und allen meinen sichtbaren und unsichtbaren Feinden, daß sie mir nicht zunahen, noch schaden können, weder an Leib und Seele, Amen.

Diese Worte sind gewaltig, kräftig gegen alle Gespenst, Zauberei und Gefährlichkeit, so man selbe bei sich trägt und in der Not mit wahrem Vertrauen spricht.

Namen und Anrufung Gottes.

Diese folgende Worte, Gebet, Segen und Anrufungen Gottes, sind so kräftig, daß wer dieselbigen bei sich trägt, der kann keine böse Bezauberung, noch einige Teufelskunst an seinem Leibe schaden. Welches Papst Urbanus der Achte im General-Kapuziner zu Rom im Jahr 1635 approbiert hat.

Jesus † Maria.
Im Namen Gottes des † Vaters und des † Sohnes, und des hl. † Geistes. Amen.
Gott Heloym, Gott Tetragammaton, Gott Adonai, Gott Sabaoth, Gott Emanuel, Gott Hagios, Gott Otheos. Gott Ischryos, Gott Jehova, Gott Messia, Gott Alpha und Omega, samt allen Namen Gott des Vaters, Gott des Sohnes und des hl. Geistes, wollen mich heut und allezeit stärken und beschützen gegen alle meine leibliche und geistliche Feinde, Amen.
† Der unerschaffene Vater, † der unerschaffene Sohn, † der unerschaffene hl. Geist. Der ungeborene Vater, † der ungeborene Sohn, † der aus beiden ausgehende hl. Geist. Gott Vater † der Erschaffer, Gott Sohn † der Erlöser, Gott hl. Geist † der Heiligmacher, wollen mich jetzt und allezeit vor allem Ungewitter, Gespenst und Hexerei beschützen und bewahren Amen.
Christus Jesus überwindet, Christus Jesus herrschet, Christus Jesus gebietet, Christus Jesus vertreibet alle

Ungewitter, Zauberei und Teufelskunst. Durch die Kraft seiner Gottheit, durch die Kraft seines bitteren Leidens, durch die Kraft seines hl. Kreuzes, durch die Kraft seines rosenfarben Bluts, durch die Kraft seines hl. Namens.

Jesus Christus, der Sohn des lebendigen Gottes, der vom Himmel herabgekommen, und in den Leib der seligsten Jungfrau Maria, wegen des menschlichen Heils, Fleisch worden, damit er den Teufel und alle böse Geister austreibe und in die Hölle stürze. Dieser wolle auflösen und mich entbinden von allem, was der Teufel gebunden und durch seine vermaledeite Werke verblendet hat, Amen. Durch das Zeichen des hl. Kreuzes †erlöse mich o Gott von meinen Feinden, Amen.

Kräftiges Gebet gegen alle Hexerei, Gespenst und Ungewitter.

Vom Papst Urbanus dem Achten approbiert.

Das Wort so Fleisch worden, und in uns gewohnt hat, geboren aus Maria der Jungfrau, wolle mich durch das Ingeweid seiner Barmherzigkeit, in welchen er uns. aufgehend aus der Höhe heimgesucht hat, und durch die Fürbitte der seligsten Jungfrau Maria und aller Heiligen, sonderlich der 4 Evangelisten, Johannes, Matthäus, Marcus, und Lucas, erlösen und bewahren von allen Gespenst des Satans und seiner Diener; vor Hexereien, Beschwörung, Verblendung,

Verzauberung, Verbündnis und Beschreiung, so mir angetan worden, oder noch könnten angetan werden; von aller Nachstellung des Teufels, bösen Willen, Blitz, Donner, Hagel, Ungewitter, jäher Tod, und von allem Übel. Der mit dem Vater und dem heil. Geist regiert von Ewigkeit zu Ewigkeit, Amen.

Verse aus den Psalmen.

Diese Verse sind so kräftig, daß der Satan sie nicht leiden kann, sondern von dem, der es andächtig spricht, fliehen muß; wie oft bewährt worden *in vitis Patrum est peculo Exempl.*

Gott stehe auf und seine Feinde sollen zerstreut werden: Und alle, so ihn hassen, sollen fliehen vor seinem Angesicht.
Gleich wie der Rauch vergeht, also sollen sie vergehen: Wie das Wachs fließt vor dem Angesicht des Feuers, also sollen die Sünder vor dem Angesicht Gottes zergehen.
Errette mich, o Herr, von dem bösen Menschen, und von dem gottlosen Mann errette mich.
Errette mich von meinen Feinden o mein Gott, und von denen, so gegen mich aufstehen, erlöse mich.
Errette mich von denen, so die Bosheit wirken, und vor den blutgierigen Männern bewahre mich.

O Gott! in deinem Namen mache mich heilwürdig, und in deiner Kraft erlöse mich.

Denn die Fremden sind gegen mich aufgestanden, und die Starken haben meine Seele gesucht, und haben Gott nicht vor ihr Angesicht gestellt.

Aber siehe, Gott der hilft mir, und der Herr ist der Bewahrer meiner Seele. Wende das Böse zu meinen Feinden: und in deiner Wahrheit verderbe sie.

Ich werde mich nicht fürchten.

wenn mich schon tausend umringen: steh auf, o Herr! mache mich heilwürdig o mein Gott!

O Herr! mein Gott, auf dich hab ich gehofft! Bewahre und errette mich von allen, die mich verfolgen. Damit sie nicht wie ein Löwe, meine Seele hinreißen. Denn Niemand ist der mich errette und heilwürdig mache.

Gott der mich geboren hat, o Satan hast du verlassen. Und bist vergessen Gottes deines Erschaffers.

Ich aber will mich in dem Herrn erfreuen, und will frohlocken in Jesu meinem Gott.

Ehre sei dem † Vater, und dem † Sohn, und dem hl. † Geist.

Als war im Anfang und nun und allzeit und zu ewigen Zeiten, Amen.

Ein sehr kräftiger Segen, in und außer Gefahr zu sprechen.

Der Friede und süße Namen unseres Herrn Jesus I. H. S. Christi; die Kraft und Verdienst seines bittern

Leidens und Sterbens; das unüberwindliche Zeichen seines glorwürdigen † Kreuzes; der triumphierliche Titel seines Kreuzstammes I. N. R. I. Jesus von Nazareth, ein König der Juden; die Unversehrung und der Name der allerseligsten Jungfrau Maria; Maria, samt der Fürbitte und Verdienst aller Heiligen und Auserwählten Gottes, sei heut und allezeit zwischen mir und meinen sichtbaren und unsichtbaren Feinden, gegen alle Gefahren Leibs und der Seelen, zu allen Zeiten und Orten, Amen.

Der Segen der Mutter Gottes über die Apostel.

Es segne euch, o ihr meine liebe Söhnlein, und die ganze Welt, der allmächtige himmlische Vater, und mein Sohn Jesus Christus, und mein Bräutigam, der hl. Geist, Amen.

Der Segen St. Francisci T.

Es segne dich der Herr, und bewahre dich. Der Herr erzeige dir sein Angesicht, und erbarme sich deiner. Der Herr wende seine Augen zu dir und gebe dir den Frieden.

Der Segen St. Vincencii.

Über die Kranken werden sie die Hände legen, und sie werden gesund werden, Jesus, Maria Sohn, der Weltheiland und Herr, sei dir, durch die Verdienste aller seiner Heiligen, gnädig und barmherzig, Amen.

Segen St. Antonii.

Siehe das Kreuz † des Herrn; fliehet, ihr Gegenteil. Der Löwe von dem Geschlecht Juda hat überwunden, die Wurzel Davids, Halleluja.

Eine Frau, welche St. Antonius sehr liebte, wurde wegen ihrer schweren Sünden oft angefochten, sich zu ertränken. Als sie nun aus Verzweiflung dem Fluß zulief, und bei St. Antonii Kirche vorübergehend ihn anrief, entschlief sie, und hört eine Stimme sprechen: „Lese die Schrift, so du in deinem Schoß findest, durch deren Kraft wirst du von der Versuchung entledigt werden." Da sie nun erwachte, fand sie die angemeldeten Worte in ihrem Schoß, las dieselbigen und wurde entledigt. Als ihr aber dieser Zettel vom König in Portugal genommen wurde, ließ sie dieselben Worte abschreiben, hing sie an, und wurde niemals angefochten. – *Chr. M. n. i. 9. 35.*

Der Segen St. Ubaldi.

Unser Herr Jesus Christus sei bei dir, daß er dich beschütze. Er sei in dir, daß er dich erquicke. Er sei vor dir, daß er dich führe. Er sei hinter dir, daß er dich erhalte. Er sei neben dir, daß er dich seg†ne. Der mit dem Vater und dem heil. Geist in vollkommener Einigkeit lebt und regiert von Ewigkeit zu Ewigkeit. Amen.

Der Segen der kathol. Kirche.

Der Segen des allmächtigen Gottes. des Va†ters, Soh†nes und hl. Gei†stes, steige über dich herab und bleibe allezeit bei dir, Amen.

Die Namen der hl. 3 Könige.

Wer diese Namen der heil. drei Könige bei sich trägt, der wird Behütet vor der fallenden Krankheit.

Heiliger Caspar, heil. Melchior, heil. Balthasar; o ihr heil, drei Könige! Bittet für mich, auf daß ich vor der fallenden Krankheit behütet werde, Amen.

Anbetung St. Donati.

Folgende Worte bei sich getragen, und zur Zeit des Ungewitters zu sprechen, sind ein kräftiges Mittel gegen den Donnerschlag.

Bitt für uns, o heil. Märtyrer Donate auf daß wir vor dem Blitz, Donner und Ungewitter mögen befreit bleiben, Amen.

Buchstaben gegen die Pest zu tragen.

Es bezeugt Herr Franziscus Solarius, Bischof zu Salarius, daß im Konzil zu Trient Anno 1317 über 20 Bischöfe und Ordens-Generale an der Pest gestorben; da habe der Patriach zu Antiochia allen geraten, folgende Buchstaben, so von dem hl. Zacharia Bischof zu Jerusalem, mit ihrer Auslegung und Beschwörung hinterlassen worden, als ein gewisses Mittel gegen die Pest bei sich zu tragen, und als dies geschehen, da ist kein einziger mehr an der Pest gestorben. Und wenn dieselben Buchstaben über eine Tür geschrieben, so sind alle im selbigen Haus Wohnende vor der Pest bewahrt worden.

† Z. † D. I. A. † B. I. Z. †
S. A. B. † Z. H. G. F. † B.
F. R. S.

Eine kräftige Befehlung.

Dies Gebet ist dem hl. Augustinus vom hl. Geist offenbart worden. Wer selbiges bei sich trägt und andächtig spricht, wird denselben Tag, an welchem er's gesprochen, nicht umkommen im Wasser, noch im Feuer, noch im rechtmäßigen Streit, und wird auch nicht des jähen Todes sterben.
Ex libello Gallico, intitulato, Revel. S. Brigittae, impresso et approb. Parisiis 1671.

O Gott sei mir armen Sünder gnädig, und bewahre mich alle Tage meines Lebens. Gott Abraham. Gott Isaak. Gott Jakob, erbarme dich mein, und schick mir zu Hilfe deinen hl. Erzengel Michael, welcher mich beschütze und verteidige gegen meine Feinde. O hl. Erzengel St. Michael! ich bitte dich durch die Gnade, so du verdient hast, und durch den eingeborenen Sohn Gottes, unserm Herrn Jesum Christum, erlöse mich heute von allem Schaden und Gefahr des Todes. Heil. Gabriel, hl. Raphael, und alle heiligen Engel und Erzengel, kommt mir zu Hilfe. Ich beschwöre euch durch alle Kräfte der Himmel, daß ihr mich bewahrt vor dem jähen Tod, und daß ihr mir Hilfe, Stärke und Kraft verleiht, damit mir der böse Feind an diesem Tage nicht schaden könne weder durchs Feuer, noch daß er mich nicht könne verletzen und unterdrücken, wachend oder schlafend. Seht das Kreuz des Herrn! flieht, ihr Widersacher.

Der Löwe vom Geschlecht Juda hat überwunden, die Wurzel David, Alleluja. Du Heiland der Welt, mach uns heilwürdig! der du uns durch dein Kreuz und Blut erlöst hast, komme uns zu Hilfe! wir bitten dich, o Herr, unser Gott. Heil. Gott, hl. starker Gott. hl. unsterblicher Gott, erbarme dich unser. Das Kreuz Jesu Christi verteidigt uns! das Kreuz Jesu Christi komme uns zu Hilfe gegen alle unsere Feinde. Im Namen Gottes des † Vaters, und des † Sohnes, und des hl. † Geistes. Amen.

Kräftiges Gebet allezeit bei sich zu tragen.

Dies Gebet ist im Jahre 1540, den 14. Heumonat, auf dem Grabe der Mutter Gottes gefunden worden. Wer solches betet, oder für sich beten läßt, oder nur allein mit Ehrerbietung bei sich trägt, der wird nimmer von der Mutter Gottes, in seinen Nöten verlassen.
Ex libello Gallico, intitulato Revel. S. Brigittae, impress et approb. Parisiis 1772.

Gott Vater von dem Himmel, komme mir zu Hilfe; Jesu, du Sohn Gottes, komme mir zu Hilfe; Heil. Geist du Tröster, komme mir zu Hilfe. Du Mutter aller Gütigkeit, komme mir zu Hilfe, und bitte deinen lieben Sohn für mich Heil. Maria, du gebenedeite Jungfrau, du Schönheit der Engel, du Blume der Patriarchen, du Berge der Apostel, du Sieg der Märtyrer, du Zierde der Beichtiger, du Reinigkeit der Jungfrauen, bitte für mich armen Sünder, und bewahre mich, vor allem Übel, gegenwärtigem vergangenem und zukünftigen.

O glorwürdige Jungfrau Maria, du Mutter Jesu Christi, du Pforte des Heils, du Hoffnung der Christen, du Mutter der Barmherzigkeit, du Jungfrau der Jungfrauen, du Brunn der Gütigkeit, du Gefäß der Tugenden, du Mirakel der Jungfrauschaft. und du Edelgestein der ganzen Natur, erlange mir Heil
und Gnade und Verzeihung aller meiner Sünden.

O gebenedeite Jungfrau Maria! du Wunderwerk Gottes, du Pforte des Paradieses, du Tempel des hl. Geistes, du Stern des hl. Glaubens. Durch dich werden die Engel erfreut und erbieten sich zu dienen mit Frohlockung: gleichwie ich auch N. N. ein armer Diener mich anerbiete, dir treulich zu dienen. Bewahre mich, o gnädige Frau! in meinem Tod vor dem strengen Gericht, damit an dem Tag und in der Stunde wann meine Seel vom Leibe scheidet, sie nichts könne erschrecken; und daß sie möge hinfahren, zu sehen die große Glorie, welche kein Ende wird haben.

Jesu Christe, du Sohn der glorwürdigsten Jungfrau, regiere und beschütze mich vor dem bösen Feind und allem Übel. Laß mich geführt und beschützt werden von den heil. Engeln des Paradieses; von St. Michael. St. Gabriel, St. Raphael; von den hl. Engeln und Erzengeln, von den hl. Aposteln und Evangelisten, von den Propheten und Märtyrern; von den hl. Beichtigern und Jungfrauen und von allen Heiligen des Paradieses, welche ich mit herzlicher Andacht anrufe, damit meine Feinde keine Gewalt über mich haben.

O allmächtiger Gott, der du uns nach deinem Ebenbild erschaffen und durch deinen lieben Sohn erlöst hast; o Gott, der du die Susanna von den falschen Anklagungen, und den Daniel von der Löwengrube, und die drei Knaben von dem feurigen Ofen erlöst hast, ich bitte dich, o Herr Jesu Christe, durch deine unendliche Gütigkeit, bewahre mich vor aller Gewalt Leibes und der Seele; laß mich keines bösen Todes sterben. Amen.

Gnadenreiches Gebet.

Dies Gebet ist gefunden worden auf dem hl. Grab zu Jerusalem von Herrn Gerhard, Bischof zu Camerach und vom Papst Marcellus dem Zweiten bestätigt. Wer dasselbe bei sich trägt und täglich mir Andacht betet, der erlangt solche Gnaden: Er wird nicht sterben ohne Beichte. Er wird nicht unsinnig, noch mit dem Teufel besessen werden. Er wird nicht vom Schlage, noch vom Blitz getroffen werden. Er wird vor dem zeitlichen Gericht und vor seinen Feinden sicher sein. Und so man es einem gebärenden Weib auf's Haupt legt, so wird sie glücklich gebären.

O Maria, du allerheiligste Gebärerin des ewigen Guts! du bist eine Mutter des allmächtigen Gottes, eine Braut des heil. Geistes, eine Hoffnung und Freude der Heiligen und eine Zierde des himmlischen Paradieses. Heilige Maria, du bist ein Spiegel und Heiligtum des Herrn, ein Thron und Herrscherin der Engel, und eine Mutter Jesu Christi. Ich bitte dich, erlange mir Verzeihung aller meiner Sünden; bewahre mich vor aller Gefahr der Welt, des Fleisches und des Satans, und verleihe mir die Gnade deiner Hilfe. O würdige Mutter Gottes! durch die höchste Gütigkeit deines Sohnes bitte ich, verlaß mich nicht. Erzeige deinem Diener die Gabe deiner Gnaden, damit ich im rechten Glauben gestärkt, nach diesem Leben würdig werde, zu erlangen die Krone der ewigen Glorie, Amen.

JESUS.
MARIA. JOSEPH.
ANNA.

Gebet gegen seine geistlichen und leiblichen Feinde.

Dies Gebet hat große Kraft in sich, und kann kaum möglich sein, daß einem an den Tag, da er das andächtig gesprochen hat, ein Unglück gegen sein Seelenheil könne zugefügt werden.
Ex Francisc. Indul. P. Antonii de Rheita, Ord. Capuc. Antw.

O Herr Jesu Christe, du Sohn des lebendigen Gottes! ich armer Sünder befehle mich heut in deinen Schutz und Schirm, und in den Abgrund deiner unendlichen Barmherzigkeit, Ich verberge mich, verkrieche mich zwischen deinen hl. Rücken und dem hl. Kreuz: damit dein hl. Kreuz sei mein Schild, auf daß kein sichtbarer, noch unsichtbarer Feind hinterwärts mir könne zukommen. Ich verberge und verschließe mich zwischen dein hl. Haupt und deine Dornenkron, damit deine hl. Krone mich bewahre, daß mir von oben herab keine Unglück könne zufallen. Ich verberge und verkrieche mich zwischen deine Seitenwunde, und dein heil. Speer beschütze mich, daß kein böser Feind mir von vorne her zu dürfe nahen. Ich verberge und verschließe mich zwischen deine hl. Nägel, damit deine heil. Nägel, mich behüten, daß weder zur linken noch zur rechten Seite ein geistliches Übel mich könne berühren. Ich befehle mich heut in alle Wort der hl. Messen, welche in der ganzen Welt gelesen werden, damit ich durch die Kraft derselben gestärkt werde. Ich befehle mich in alle priesterliche Segen, so heute geschehen werden, damit ich durch die Kraft derselben gesegnet werde. Ich befehle mich heute in alle Verwandlungen, so heute geschehen werden, damit ich in der Gnade Gottes erhalten werde.

O Herr Jesu Christe! ich befehle und vertraue dir heut und allezeit mein Leib und Seel, mein Fleisch und Blut, mein Herz und Sinn, meinen Verstand und Willen, meine Ehr und Leben in deinen allerheiligsten Frieden und Bewahrung, in deine Gott- und Menschheit, und in das unergründliche Geheimnis der allerheiligsten Dreifaltigkeit, damit du mich heut und allezeit verteidigst, beschützt, bewahrst und errettest vor allem Schaden und Unglück, vor Gift und Hexerei, vor Banden und Kerker, vor Kugeln und Degen, vor Schrecken und Ängsten, vor Fall und Diebstahl, vor falschen Zeugen und Ehrabschneidung, und endlich vor allem Übel, welches du durch deine unendliche Weisheit erkennst, mir an Leib und Seel und an Ehr und Leben schädlich zu sein.

O Herr Jesu Christe! ich bitte, erbarme dich meiner durch dein Stillschweigen vor Pilatus und Herodes, und durch das Stillschweigen am hl. Kreuz, als du gesprochen hattest „Es ist vollbracht!" daß du alle falsche Zungen, welche mir schaden können, bindest, und alle Kräfte meiner Feinde zerstörst, damit sie mir weder mit Rat und Tat an Leib und Seele schaden können; auf daß ich aus ihren Händen möge entgehen, gleichwie du aus den Händen deiner Feinde entgangen bist. Amen.

Befehlung zur Mutter Gottes.

Vom Papst Urbanus dem Achten approbiert.

Glorwürdigste Jungfrau Maria. Königin Himmels und der Erden, allerheiligste Mutter unseres Herrn Jesu Christi! aus ganzem Grund meines Herzens bitte ich dich, o allerseligste, durch deinen eingeborenen Sohn, und durch deine unaussprechlichen Verdienste, daß du mir verleihen wollest, Erlösung, Bewahrung und Beistand gegen alle böse Geister; und die du dich über alles pflegst zu erbarmen, so wolltest du dich auswürdigen, zu sorgen über meine Erlösung, Bewahrung und Heil.

Ablässe des Weihwassers, welche der hl. Papst und Märtyrer Alexander der Erste, im Jahre Christi 122 gegeben.

1. So oft einer Weihwasser nimmt, so oft löscht er eine läßliche Sünde aus.
2. Wenn man's aber von einem Priester empfängt, so werden einem alle läßliche Sünden, so man den ganzen Tag getan, verziehen.
3. Wer es an einem Sonntage empfängt, dem werden alle läßliche Sünden von der ganzen Woche verziehen.

4. Wer es an einem Aposteltage empfängt, dem werden alle läßliche Sünden eines ganzen Monats verziehen.

5. Wer es aber am Tage der Kirchweihung in derselbigen Kirche von einem Priester empfängt, dem werden alle läßliche Sünden des ganzen Jahres verziehen.

Daher schreibt St. Bernhardus, daß der böse Feind lache, wenn einer bei dem Weihwasser vorübergeht und sich nicht besprengt: und der Teufel habe einmal zu ihm gesagt: Wenn ihnen ein solches Bad bereitet wäre, sie sich schon längst von allen Sünden wollten gereinigt haben.

Kraft der Benediktus-Pfennige.

Die Benediktuspfennige, wenn sie von einem Priester geweiht sind und mit Andacht bei sich getragen werden, haben folgende Kraft:

1. Sie vertreiben von den menschlichen Leibern alle Bezauberung und vom Teufel zugefügte Schäden.

2. Sie verhindern, daß keine Hexe oder Zauberer könne eingehen, wo dieser Pfennig über der Tür angenagelt oder unter der Türschwelle vergraben ist.

3. Diejenigen, so vom Teufel angefochten werden, bringen sie Beschirmung.

4. Wenn das Vieh bezaubert ist, und man den Pfennig ins Wasser legt und das Vieh damit wäscht, so muß die Bezauberung weichen.

5. Wenn in der Milch oder Butter ein unnatürlicher Schaden verspürt wird, so soll man den Pfennig ins Wasser legen und das Vieh darüber trinken lassen.

Ex libello de effectu Numismt. S. Bened. Fuldae impress. A. 1674.

Andächtige Weise dem Amt der heiligen Messe nützlich beizuwohnen.

In Betrachtung des bitteren Leidens und Sterbens unsers Herrn und Seligmachers Jesu Christi.
Samt beigefügten Morgen- und Abend-Gebetlein.
Das tut zu meinem Gedächtnis.
Luc. 22.

Sobald du des Morgens erwachst, so bezeichne dich mit dem hl. Kreuz, und rufe mit dem ersten Worte den allersüßesten Name, Jesus an, sprechend:

Jesus von Nazareth, ein König der Juden! dieser triumphierliche Titel bewahre mich vor allem Übel. O heiliger Gott, o starker Gott, o unsterblicher Gott, erbarme dich mein.

Erleuchte, o Herr, meine Augen, daß ich nicht im Tode entschlafe und der Feind sich nicht etwa rühme, er sei meiner mächtig geworden.

In deine Hände, o Herr, befehle ich meinen Geist. Du hast mich erlöst, o Herr, Gott der Wahrheit.

Ehre sei Gott dem Vater, Sohn und hl. Geist; als er war im Anfang, jetzt und allezeit, und in Ewigkeit, Amen.

Ein Anderes.

Siehe, hiermit werfe ich mich zu Füßen deiner göttlichen Majestät, auf daß ich den Segen deiner großen Liebe empfange. Segne mich, o du allerliebster Jesu! Segne mich und erbarme dich meiner nach der Güte deines allermildesten Herzens. Segne meine Seele, damit sie in allen guten Werken zunehmen und gesegnet bleibe ewiglich. Segne mich die allerhöchste Majestät, es schütze mich die königliche und ewige Gottheit, beschirme mich die unermeßliche Dreifaltigkeit, bewahre mich die glorwürdige Einigkeit, leite mich die unaussprechliche Gütigkeit; regiere mich die Macht des Vaters, bewahre mich die Weisheit des Sohnes, erleuchte mich die Kraft des hl. Geistes, jetzt und in Ewigkeit, Amen. - Im Namen Gottes des Va†ters, des Soh†nes und des heil. Gei†stes. Amen.

Eine Danksagung.

Herr allmächtiger Gott; ich sage dir herzlich Lob und Dank, daß du mich diese Nacht vor allem Unfall gnädiglich behütet, und durch die schwere Finsternis zu der fröhlichen Morgenröte gebracht hast, und bitte dich von ganzem Herzen, um deiner Güte willen, du wollest mir Gnade verleihen, daß ich diesen Tag in Demut, Sanftmut, Liebe, Keuschheit. Geduld, Gütigkeit, Furcht und Sorgfältigkeit, und allen guten Werken möge zubringen, und daß ich dir zu Ehren, und meinen Nächsten zur Auferbauung ohne Laster und Ärgernis leben möge, Amen.

Befehlung zu der hl. Mutter Gottes.

O allerseligste Jungfrau und Mutter Gottes Maria! nach Gott mein einziger Trost und Hoffnung in solcher Treu und Liebe, als dich dein liebes Kind, Jesus, seinen auserwählten Jünger Johannes befohlen hat, befehle ich dir heut und allezeit meine Seele, Leib, Ehre, Gut, Leben und die Stund darinnen sich meine Seele und Leib voneinander scheiden wird, in das Innerste meines mütterlichen Herzens, und bitte dich durch deines lieben Kindes bitteren Tod, du wollest mich bewahren vor allen Sünden, sichtbaren oder unsichtbaren Feinden. Erwerbe mir auch Besserung meines begangenen Lebens, und sei mir gegen dienem lieben Kind, unseren Herrn Jesum Christum eine getreue Fürsprecherin, damit ich in dem erschrecklichen Jüngsten Gericht zu den Auserwählten gestellt werde, Amen.

Gebet bei der hl. Messe.
Ein Gebet bei dem hl. Meßopfer nützlich zu sprechen.

Herr! eröffne meinen Mund, zu loben deinen heiligen Namen, reinige mein Herz von allen eitlen, gottlosen und fremden Gedanken, erleuchte meinen Verstand, und entzünde meinen Willen, damit ich würdig, aufmerksam und dir gefällig bei diesem heiligen Meßopfer mein Gebet verrichte und vor deiner göttlichen Majestät erhört werde. Durch Jesum Christum unsern Herrn, Amen.

Zugang des Priesters zu dem Altare.
Christus geht mit seinen Jüngern in den Garten.
Gebet.

O Herr Jesu Christe! du Sohn des lebendigen Gottes, welcher für mich armen Sünder, als deein bitteres Leiden vorhanden war, Furcht und Traurigkeit hast wollen ausstehen: Verleihe mir, daß ich alle meine Traurigkeit zu dir dem Gott meines Herzens richte und in Verbindung deines bitteren Leidens und Trauerns dieselbe also übertrage, damit sie zu meinem Heil gereichen, Amen.

Der Priester fängt die Messe an am Fuße des Altars.
Christi Gebet im Garten.
Gebet.

O Herr Jesu Christe! du Sohn des lebendigen Gottes, welcher, indem du dein Gebet im Garten verrichtet, von einem Engel hast wollen gestärkt werden: Verleihe mir durch die Kraft deines Gebets, daß, wann ich bete, dein hl. Engel mir beistehe und mich in allen meinen Nöten stärke, Amen.

Der Priester spricht das Confiteor oder die
Beichte.
Christus fällt auf's Angesicht und schwitzt
Blut.
Gebet.

O Herr Jesu Christe! welcher im Garten betend zu deinem himmlischen Vater aus lauter Angst aus allen Gliedern wunderbarlich hast Blut geschwitzt: Ich bitte dich, verleihe mir, daß ich in meinem Gebet mit deiner göttlichen Süßigkeit gespeist, anstatt der Blutstropfen Tränen möge süßiglich vergießen, Amen.

Der Priester küßt den Altar.
Christus wird durch Judas Kuß verraten.
Gebet.

O Herr Jesu Christe, welcher mit dem Kusse Judas hast verraten werden wollen, gib mir Gnade, daß ich weder meinen Nächsten, noch dich nimmer verraten und daß ich meinem Nächsten die Dienste der Liebe nicht versage, Amen.

Der Priester geht zu der Seite der Epistel.
Christus wird gefänglich hinweggeführt.
Gebet.

O Herr Jesu Christe! welcher von der gottlosen Schar hast wollen gefangen und gebunden werden: ich bitte dich, löse auf die Bänder aller meiner Sünden, und verstricke mich dermaßen mit den Banden deiner Liebe, und Seilen deiner Gebote, daß niemals einiges Glied von meinem Leibe, oder einige Kräften meiner Seele gelenkt werden, etwas zu tun, das deinem göttlichen Willen zuwider sei, Amen.

Der Priester liest das Introitum oder Anfang der hl. Messe.
Christus wird im Haus Annas examiniert, bekommt einen Backenstreich.
Gebet.

O Herr Jesu Christe! welcher als ein Missetäter gefänglich zum gottlosen Annas hast wollen geführt werden, gib mir Gnade, daß ich nimmer vom bösen Geist angetrieben zur Sünde, sondern vielmehr vom guten Geist gezogen, und in allem werde geführt, was deinem göttlichen Willen wohlgefällig, Amen.

Der Priester geht mitten vor den Altar und spricht:
Kyrie Eleison.
Christus wird zu Kaiphas geführt, und von Petrus verleugnet.
Gebet.

O Herr Jesu Christe! welcher im Haus Kaiphas höchlich bist betrübt worden, da dich dein geliebter Jünger Petrus dreimal verleugnet: Ich bitte dich, bewahre mich vor böser Gesellschaft, damit ich nimmer durch eine Todsünde von dir geschieden werde, Amen.

Der Priester wendet sich zum Volke und spricht:
Dominus vobiscum.
Christus wendet sich zu Petrus und er wird bekehrt.
Gebet.

O Herr Jesu Christe! welcher Petrum, nachdem er dich verleugnet, mit gnädigen Augen hast angesehen, und zu herzlicher Buße bewogen: Siehe mich an mit gütigen Augen, damit ich meine Sünde vor deinem Angesicht recht beweine, und dich meinen Gott und Herrn niemals mit Worten oder Werken verleugne, Amen.

Der Priester geht auf die Seiten des Altares.
Christus wird zu Pilatus geführt.
Gebet.

O Herr Jesu Christe! welcher ganz jämmerlich und ungestalt gefänglich zu Pilatus hast wollen geführt und unschuldig in vielen Stücken angeklagt werden: Lehre mich gottlosen Betrug entgehen, und deinen Glauben mit guten Werken wahrhaftig bekennen, Amen.

Der Priester geht mitten vor den Altar.
Christus wird zum Herodes geführt.
Gebet.

O Herr Jesu Christe! welcher vor Herodes gestellt, für mich viel falsche Lästerworte hast wollen leiden, und dieselbe nicht mit einem Wort widerlegen: verleihe mir Gnade, daß ich der Gottlosen Unwillen immer zerstöre, und die göttlichen Geheimnisse nimmer lasse den Gottlosen zu Spott werden. Amen.

Der Priester geht das Evangelium zu lesen.
Christus verspottet, wird wiederum zu Pilatus geführt.
Gebet.

O Herr Jesu Christe! welcher von Herodes verspottet, zu Pilatus hast wiederum wollen geschickt werden, und Freundschaft zwischen ihnen machen. Gib mir Gnade, daß ich die gottlosen Anschläge gegen mich nicht fürchte, sondern vielmehr durch sie also geübt vollkommener und dir gleicher werde, Amen.

Der Priester deckt den Kelch ab.
Christus werden die Kleider abgezogen.
Gebet.

O Herr Jesu Christe! welchem die Kleider ausgezogen, und vor der Geißlung hast wollen entblößt werden: Gib mir Gnade, daß ich durch gründliches Bekenntnis meiner Sünden, den alten Menschen mit allen seinen Werken ausziehe und nimmer bloß an Tugenden vor deinem Angesicht erscheine, Amen.

Der Kelch steht bloß.
Christus wird gegeißelt.
Gebet.

O Herr Jesu Christe! welcher für mich an eine Säule gebunden, grausamlich hast wollen gegeißelt werden. Gib mir Gnade, daß ich deine väterliche Züchtigung gern annehme, und dich mit meinen Sünden nimmer hernach geißle, Amen.

Der Kelch wird zugedeckt.
Christus wird gekrönt.
Gebet.

O Herr Jesu Christe! welcher mit Dornen schimpflich und schmerzlich für mich hast wollen gekrönt werden: Ich bitte dich, nimm von mir den Stachel des nagenden Gewissens, daß ich durch wahre Buß allhier zerknirscht, hernach mit dir möge gekrönt werden in dem Himmel, Amen.

Der Priester wäscht die Finger.
Pilatus wäscht die Hand und spricht:
ich bin unschuldig etc.
Gebet.

O Herr Jesu Christe! du Sohn des lebendigen Gottes, welcher von dem Richter Pilatus bist für unschuldig erkannt worden, und dennoch für das Wüten und Geschrei der Juden hast wollen anhören: Gib mir Gnade, daß ich unschuldig lebe, und mich an anderer Bosheit gegen mir nicht anstoße, Amen.

Der Priester wendet sich zum Volke.
Pilatus stellt Christum dem Volke vor: *Ecce Homo.*
Gebet.

O Herr Jesu Christe! welcher mit einem Spottkleide angetan, dem jüdischen Volke für mich hast wollen vorgestellt werden, verleihe mir, daß ich allhier die eitle Ehre vermeide und am jüngsten Zag mit einem Ehrenkleide angetan, herrlich erscheinen möge, Amen.

Der Priester spricht die Praefation.
Christus wird zum Tod verurteilt.
Gebet.

O Herr Jesu Christe! welcher die Sentenz des Todes des Kreuzes unschuldig für mich hast wollen empfangen: Gib mir die Gnad, daß ich aus Liebe gegen dich auch den greulichsten Sentenz des Todes und ungerechte Urteile der Menschen nicht fürchte, noch andere, in meinem Sinn freventlich urteile, Amen.

Der Priester hält das Gedächtnis für die Lebendigen.
Christi Kreuztragung.
Gebet.

O Herr Jesu Christe! welcher für mich armen Sünder dein Kreuz auf eigenen Schultern hast tragen wollen: Verschaffe daß ich das Kreuz der Mortification freiwillig umfange, und dasselbe täglich aus Liebe gegen dich, nachtrage, Amen.

Der Priester hält die Hand über den Kelch.
Die hl. Veronika reicht Christus ein Schweißtuch.
Gebet.

O Herr Jesu Christe! welcher auf dem elenden Weg zu der Schädelstatt, die weinenden Weiber gütiglich hast vermahnt, nicht über dich, sondern über sich selbst zu weinen: Gib mir solche Tränen, welche dir gefallen, damit ich meine Sünde der Gebühr nach beweine. Gib Tränen des Mitleidens und heil. Liebe die mich Dir angenehm machen, Amen.

Der Priester macht das Kreuz über das Opfer.
Christus wird ans Kreuz genagelt.
Gebet.

O Herr Jesu Christe! welcher für mich mit harten Nägeln ans Kreuz hast wollen geheftet werden, und zugleich die Handschrift unserer Sünden und des Todes darangeschlagen; Ich bitte dich, durchnagele mein Fleisch mit deiner Furcht, damit ich mich stark an deinem Gesetz halte, und von deinem Kreuz nimmer weiche Amen.

Der Priester hebt die Hostie in die Höhe.
Christus gekreuzigt, wird in die Höhe erhebt.
Gebet.

O Herr Jesu Christe! welcher für mich gekreuzigt, hast wollen aufgehoben und von der Erde erhöht werden: verleihe, daß ich von allen irdischen Affekten abgesondert, mit meinem Gemüte möge im Himmel wohnen, Amen.

Der Priester hebt den Kelch in die Höhe.
Aus den Wunden Christi fließt das heilige
Blut.
Gebet.

O Herr Jesu Christe! welcher aus deinen hl. Wunden ein Gnadenquell hast lassen fließen: gib mir Gnad, so oft ich mit bösen Begierden werde angefochten, daß ich zu deinen hl. Wunden mich verfüge, und aus denselben heilsame Arznei schöpfe, Amen.

Der Priester hält Gedächtnis für die Abgestorbenen.
Christus am Kreuze betet für das menschliche Geschlecht.
Gebet.

O Herr Jesu Christe! welcher am Kreuze hangend für das ganze menschliche Geschlecht, ja für die, welche dich gekreuzigt, hast beten wollen: Gib wahre Sanftmut und Geduld, damit ich nach deiner Lehre und Exempel meine Feinde liebe, und denen die mich hassen, Gutes tue, Amen.

Der Priester klopft an seine Brust.
Bekehrung des Schächers am Kreuze.
Gebet.

O Herr Jesu Christe! welcher den Schächer, nachdem er seine Ungerechtigkeit demütig hat bekannt, die Glorie des Paradieses gütiglich hast versprochen: Ich bitte dich, siehe mich an mit den Augen der Barmherzigkeit, damit ich in meinen letzten Zügen von dir meinem gütigen Heiland die gewünschten Worte hören möge: Heute wirst du bei mir im Paradiese sein, Amen.

Der Priester spricht das *Pater noster*.
Christi sieben Worte am Kreuze.
Gebet.

O Herr Jesu Christe! welcher unter andern Worten so du am Kreuz gesprochen, deine Mutter dem heiligen Johannes, und ihn deiner Mutter befohlen: ich befehle mich dir, und alles das Meinige, mit derselben Treue und Liebe, mit welcher du sie miteinander verbunden: Ich bitte dich, laß mich durch die Kraft solcher Liebe zu deiner inbrünstigen Lieb geraten, damit mir durch sie geholfen, von allen Widerwärtigkeiten beschützt werde, Amen.

Der Priester bricht die Hostie in zwei Teile.
Christus stirbt am Kreuze.
Gebet.

O Herr Jesu Christe! welcher aus Liebe gegen mich am Kreuze hast sterben wollen: gib mir Gnad, daß ich hier zeitlich also mit Dir geistlicher Weis sterbe, damit in der Stunde des Todes meine Seele dir anbefohlen sei, der du lebst und regierst in alle Ewigkeit, Amen.

Der Priester wirft ein Stücklein der Hostie in
den Kelch.
Christi Seele fährt zur Vorhölle.
Gebet.

O Herr Jesu Christe! welcher durch dein Kreuz und Tod die Gewalt des Satans zertrennt, der Seele nach zu der Vorhölle, die Altväter zu erlösen und zu erfreuen, bist herabgestiegen: ich bitte, laß jetzt unter die Kraft deines Leidens und Blutes hinabsteigen in das Fegfeuer über die abgestorbenen Seelen damit sie aus zeitlicher Qual errettet, der ewigen Ruhe möge genießen, Amen.

Der Priester klopft an die Brust und spricht:
Agnus Dei etc.
Viele bei der Kreuzigung Christi bereuen ihre
Sünden.
Gebet.

O Herr Jesu Christe! ob dessen geduldigen Leiden und seligen Sterben viele sich bekehrt, und ihre Sünden beweint haben; gib mir die Gnade durch die Verdienste deines bittern Leidens und Sterbens, daß ich herzliche Reue über meine Sünden erwecke, und dich hinfür nicht mehr beleidige, Amen.

Der Priester kommuniziert.
Christus wird begraben.
Gebet.

O Herr Jesu Christe! welcher für mich in ein neues Grab nach deinem Tod hast wollen gelegt werden: gib mir ein neues Herz, damit ich dich darein lege, und allezeit bewahre, damit ich mit dir begraben, zugleich mit dir zur einer seligen Auferstehung gelangen möge. Amen.

Der Priester nimmt die Abspühlung.
Christus wird nach seinem Tode gesalbt.
Gebet.

O Herr Jesu Christe! welcher in eine reine Leinwand eingewickelt, mit großem Wehklagen deiner Freunde hast wollen mit Spezerei gesalbt werden: gib meinem Herzen Gnade, daß es allezeit rein sei, und einen guten Geruch der Tugend von sich gebe, damit du daran ein Wohlgefallen tragest. Amen.

Der Priester betet die Postkommunion.
Christus steht auf vom Tode.
Gebet.

O Herr Jesu Christe! welcher glorwürdig von den Toten bist auferstanden; gib mir Gnade, daß ich meinen alten Wandel verlasse, und ein neues Leben anfange, damit ich glorwürdig und herrlich zu seiner Zeit in die Glorie erscheinen möge. Amen.

Der Priester spricht: *Dominus vobiscum.*
Christus erscheint seinen Jüngern.
Gebet.

O Herr Jesu Christe! welcher nach deiner Auferstehung deiner lieben Mutter und Jünger mit dem fröhlichen Anblicke deines glorwürdigen Leibes hast wollen erfreuen: gib mir Gnade, daß ich dich, so nicht hier zeitlich, doch ewig in deiner Glorie mögen anschauen und erfreut werden, Amen.

Der Priester spricht das *Collecte.*
Christus konversiert 40 Tage mit seinen Jüngern.
Gebet.

O Herr Jesu Christe! welcher 40 Tage nach deiner Auferstehung mit deinen Jüngern hast umgehen wollen, und sie in allen Artikeln des Glaubens unterweisen: ich bitte dich, lehre mich nach deinem göttlichen Willen wandeln, damit ich im Geringsten nicht von deinem Wohlgefallen abweiche, Amen.

Der Priester spricht das letzte *Dominus vobiscum.*
Christus fuhr gegen Himmel.
Gebet.

O Herr Jesu Christe! welcher in Anschauung deiner Jünger glorwürdig bist gegen Himmel gefahren, und sitzest allda zu der Rechten deines himmlischen Vaters: Gib meiner Seele Gnade, daß sie dich allda allein suche, alles was irdisch ist verachte, und nach dir allein verlange, Amen.

Der Priester gibt den hl. Segen.
Sendung des hl. Geistes.
Gebet.

O Herr Jesu Christe! welcher du nach deiner Himmelfahrt, deinen Jüngern den hl. Geist gesendet hast: ich bitte dich, reinige das innerste meines Herzens, damit der hl. Geist eine würdige Wohnung darin finden, mich mit göttlichen Gaben und Gnaden ziere, tröste, und in allem Guten bekräftige, Amen.

Abendgebet.

Gebenedeit sei die heilige unzerteilte Dreifaltigkeit, jetzt und allezeit, und in alle Ewigkeit, Amen.
Im Namen meines Herrn Jesu Christe, nehm ich mir jetzt vor zu ruhen, damit ich durch die Ruhe gestärkt, die göttliche Majestät desto besser beim Tage könne loben. Ich befehle mich aber heute diese Nacht und jederzeit deinen allerheiligsten Wunden mein geliebtester Herr Jesu und bitte dich, durch die Verdienste deines heiligsten Leidens, erbarme dich meiner, und bewahre mich diese Nacht vor aller Hinterlist und Betrug des bösen Feindes, damit ich mit reinem Gemüt und Leib, zu vorgenommener Stund könne aufstehen, und dich mit inbrünstigem Geiste loben und preisen, Amen.

Jesus, meines Herzens Süßigkeit. Mein liebster König und mein Freund, Ich bitte dich laß gefallen Dir zu schlafen diese Nacht bei mir.
Daß wann der Leib den Schlaf empfindet, mein Herz sich allzeit wachbar findet.
Dich gegenwärtig bei mir hab, durch Dich all's Bös von sich verjag.
Laß bei mir sein den Engel dein, der mich bezeich'n das Herze mein.
Durchs Kreuz den Satan von mir treib, dein Name Jesus stets bei mir bleib.
Laß schlafen auch alle Freunde mein, im Ruhebettlein des Herzens dein.

Laß uns dir all befohlen sein, sprich über uns den Segen dein, Amen.

Wenn du schlafen gehst.

Ich gehe in meine Ruhe, im Namen meines Herrn Jesu Christ, der wolle mich segnen, schirmen, bewahren, und nach diesem elenden Leben, in das ewige Leben einführen.

Nimm mich auf o Jesu Christi, unser Hilf! und mache daß während dem Schlaf des Leibes, mein Gemüt allezeit zu dir wache und das glückselige himmlische Leben, in welchem du der Fürst, die Engel aber und Seelen der Heiligen ewiglich seligste Bürger seid, munter und fröhlich betrachtet.

In deine Hände o Herr! befehle ich meinen Geist: Nimm auf meine Seele an meinem Ende. Im Frieden begehre ich zu schlafen und zu ruhen. Es segne mich Gott der Vater, der Alles ans Nichts erschaffen. Es segne mich Gott der Sohn, der den verlorenen Menschen mit seinem eigenen Blute wiedergebracht hat. Es segne mich Gott der hl. Geist, dessen gütiger Trost mich erhalten wolle, Amen.

Jesus von Nazareth, ein König der Juden, dieser triumphierliche Titel bewahre uns vor allem Übel.
O heiliger Gott, o starker Gott, erbarme dich unser.

Der Friede unseres Herrn Jesu Christi, die Verdienste seines allerheiligsten Leidens, das Zeichen des

heiligen Kreu†zes, die Reinigkeit der allerseligsten
Jungfrau Maria, der Segen aller Heiligen, der Schutz
aller Engel, und die Fürbitte aller Auserwählten
Gottes sei zwischen mir und allen meinen sichtbar-
lichen und unsichtbarlichen Feinden, jetzt und in
meiner Sterbestunde: Im Namen Gottes des † Vaters,
des † Sohnes und des † hl. Geistes, Amen.

Vor dem jähen und unversehenen bösen Tod vor
allem Übel und Sünde bewahre uns Gott der Va†ter,
und der So†hn und der hl. † Geist, Amen.

Ein schöner und wohlapprobierter hl. Segen zu Wasser und Land, wieder alle seine Feinde, so ihm begegnen auf allen seinen Wegen und Stegen.

†

I. H. S.

Das ist die Abschrift, die der Papst Leo dem Karl,
seinem Bruder gesendet, auch hat diesen Brief der
würdige Abt Colomanus seinem Vater dem Könige
Ybertens gesendet. Und wer diesen Brief bei sich
trägt, und Gott zu Lob und Ehre täglich fünf Vater
unser und ein Glauben auch U. L. Frauen zu Ehren
und Gedächtnis ihres Herzeleids 7 Ave Marie betet,
dem mag selben Tag kein Herzeleid widerfahren, er

wird selben Tag behütet vor Feuer und Wassersnot, er wird auch in keinem Streit umkommen und erschlagen werden, es schadet ihm kein Gift und tut allen seinen Feinden Widerstand, ihm schadet keine Zauberei, wird auch von keinem Geschoß mörderischer Weise getroffen, er wird nicht leicht in große Armut geraten. Gott wird ihn behüten vor schweren Sünden: so aber ein schwangeres Weib diesen hl. Segen bei sich trägt, und mit Andacht betet, wie vorgemeldet, die erlangt absonderliche Hilfe und Beistand in ihrer Geburtsstunde. Auch welcher Mensch das Gebet mit Andacht betet sein Lebtag, der wird an seinem Ende keine schwere Versuchung von den bösen Geistern ausstehen, noch hart angefochten werden.

In dem Land Yberten war ein König, der hatte einen Sohn mit Namen Colomanus, war eines hl. Lebens, war in einem vornehmen Kloster auferzogen und zum Abt erwählt, als sichs aber hernach begab, daß der König sein Vater in fremden Landen in einen Streit ziehen mußte, bat er seinen Sohn Colomanum, daß er ihm einen Segen gebe, damit er behütet würde vor allen seinen Feinden! und vor allem dem, das ihm schaden möchte, also bat der hl. Colomanus Gott den Allmächtigen, daß er ihm offenbaren täte, wie er seinem Vater segnen sollte, daß er behütet würde:, Gott erhörte sein Gebet, und sandte Colomanus einen Brief vom Himmel, denselbigen soll er geben seinem Vater, damit würde er behütet in dem Streit, und vor dem so ihn schaden möchte. Weil aber gar wenig Glauben diesem Brief anfänglich beigemessen wurde, daß er so große Kraft habe, wurde dem König geraten, er sollte den Brief an einem verurteilten Menschen probieren lassen, welches auch der König befahl zu tun. Dem Verurteilten wurde solches angedeutet und zugleich ermahnt das Gebet mit Andacht zu verrichten, welches alles geschahe; als ihm nun der Züchtiger das Haupt wollte abschlagen, konnte er ihn nicht verwunden, noch verschneiden. Derselbe Übeltäter wurde mit dem Brief in einem alten Stadel an ein Seil gebunden, und angezündet; sehet Wunder: dem Menschen wurde mitten in dem Feuer nicht ein Härlein versengt. Diesem nach wurde dieser Mensch mit dem hl. Brief in ein tiefffließendes Wasser gesenkt, aber nach einer guten Weile auch wieder frisch und gesund herausgezogen. Dieses alles hätte ja sollen genug sein, diesem Brief zu glauben, und sich durch die Gnade Gottes darauf zu verlassen, aber man gab diesem Menschen noch Gift ein, schoß mit Büchsen und Pfeilen auf ihn, schlug ihn mit scharfen Waffen aber dies alles schadet ihm nicht das Geringste. Als nun dieses der König samt vielen Andern mit Verwunderung gesehen, ließ ihn der König mit seinem Namen abschreiben, und ein jeglicher besonders mit seinem Namen, sie behielten den Brief in großen Ehren, und zogen dahin in den Streit und überwanden alle ihre Feinde. Daher soll sich ein jeder Christ befleißen, daß er allezeit diesen Brief bei sich trage und das Gebet mit großer Andacht verrichte, so wird er von aller Gefahr erledigt werden. In welchem Haus dieser Brief andächtiglich aufbehalten wird, schlägt kein wildes Feuer ein, und wird auch demselben kein großes Unglück widerfahren.

Das Evangelium St. Johannis
Kap. I.

Im Anfang war das Wort, und das Wort war bei Gott und Gott war das Wort. Dasselbige war im Anfang bei Gott, alle Dinge sind durch dasselbige gemacht, und ohne dasselbige ist nichts gemacht, was gemacht ist, in Ihm war das Leben und das Leben war das Licht der Menschen und das Licht scheint in die Finsternis, und die Finsternis habens nicht begriffen! es war ein Mensch von Gott gesandt, der hieß Johannes, derselbe kam zum Zeugnis, auf daß er von dem Licht zeugte, auf daß sie alle durch ihn glaubten, er war nicht das Licht, sondern daß er Zeugnis gebe von dem Lichte, das war ein wahrhaftiges Licht, welches alle Menschen erleuchtet, die in diese Welt kommen, es war in der Welt und die Welt ist durch dasselbige gemacht, und die Welt erkannte es nicht. Er kam in sein Eigentum und die seinen nahmen ihn nicht auf, wie viel ihn aber aufnahmen, denen gab er Gewalt Gottes-Kinder zu werden, die an seinen Namen glauben, welche nicht von dem Geblüt, noch von dem Willen des Fleisches, noch von dem Willen eines Mannes sondern die aus Gott geboren sind, und das Wort ist Fleisch geworden, und hat in uns gewohnt. Und wir haben gesehen seine Herrlichkeit, eine Herrlichkeit, als des eingeborenen Sohnes vom Vater, voller Gnaden und Wahrheit, Amen.

Nun fängt der heilige Segen Gottes an.

Christi Kreuz † sei bei mir N. N. Christi Kreuz † bete ich an zu aller Zeit. Christi Kreuz † überwindet mir alle Wasser und Feuer. Christi Kreuz † überwindet mir alle Waffen, Christi Kreuz † ist mir ein vollkommenes Zeichen und Heil meiner armen Seele, Christi Kreuz † sei bei mir und meiner Seele, und Leib und in meinem Leben alle Tag und Nacht, nun bitte ich N. N. Gott den Vater † durch des Sohnes Willen, und bitte Gott den Sohn † durch des Vaters Willen, und bitte Gott den hl. Geist † durch des Vaters und des Sohnes Willen. Mit dem heiligen Gottes Leichnam gesegne ich mich von allen schädlichen Dingen, Worten und Werken, Christi Kreuz † öffne mir auf alle Glückseligkeit. Christi Kreuz † vertreibe von mir alles Übel, Christi Kreuz † sei bei mir, von mir † hinter mir † oben mein † unter mein † neben mein † und allenthalben um mich † von allen meinen Feinden sichtig oder unsichtig, die fliehen alle von mir, so sie mich wissen oder hören. Enoch und Elias, die zwei Propheten, die waren nie gefangen noch gebunden, noch geschlagen, und kamen nie aus ihrem selbst Gewande und Gewalt, also muß mir keiner meiner Feinde Schade sein an Seele noch an Leib, und an meinem Leben im Namen Gottes des Vaters † und des Sohnes † und des hl. † Geistes, Amen.

Der Segen, der vom Himmel von Gott dem Vater gekommen ist, da der wahre lebendige Sohn Gottes geboren ward, der gehe über mich allezeit, der Segen, den Gott tat über seinen Sohn, der gehe über mich allezeit. Des hl. Kreuz † Gottes, so lange und breit, als Gott sein Herz bittere Marter daran leid, gesegne mich heute und allezeit. Die hl. drei Nägel, die Jesu Christo durch seine hl. Hände und Füße wurden geschlagen †, die gesegnen mich heute und zu allen Zeiten. Die hl. Dornenkrone, die Jesu Christo durch sein hl. Haupt gegangen, gesegne mich heute und allezeit. Der Speer, der Jesu Christo seine hl. Seite aufschneidet, gesegne mich heute und allezeit. Das rosenfarbe Blut, das sei mir für alle meine Feinde gut, und für alles das, was mir Schaden wollte sein an Leib und Seele, und an meinem Leben, gesegne mich zu aller Zeit. Die hl. fünf Wunden, damit alle meine Feinde werden getötet und gebunden, da Gott alle Christenheit mit hat umfangen. Das helfe mir Gott der Vater † Gott der Sohn † und Gott der heilige Geist †, Amen.

Also muß ich N. N. sowohl gesegnet sein, als der heilige Kelch und der Wein, und das wahre, lebendige Brot, das Jesus den zwölf Jüngern an dem heiligen Entlaß-Abend gab, und alle die mich fast hassen, die müssen mir alle fast stillschweigen, ihr Herz sei gegen mir verstorben und ihre Zungen verstummen, daß sie mir ganz und gar nicht schaden mögen, und alle die mich mit ihren Waffen wollen verwunden oder verschneiden, die sind von mir unsieghaft, das hilf mir die hl. Gottes-Kraft † die macht alle und jegliche Waffen oder Gewehr kraftlos und schwach, davon werde ich nimmer siech, krank noch verwundet, und bleibe mir Leib und Seele gesund, es seien die Waffen von Eisen oder von

Stahl, von dem allen soll der † Himmel mein Schild sein, † Waffen die stechen, schießen, werfen oder schlagen, soll der Engel Gottes vor mir auffangen, das helfe mir Gott der Vater † Gott der Sohn † und Gott der hl. † Geist, Amen.

Folgen die heiligen sieben Worte unseres lieben Herrn Jesu Christi, die er am Stamme des hl. Kreuzes gesprochen hat.

Das erste Wort, das Christus sprach: O Vater vergib ihnen, denn sie wissen nicht was sie an mir verbringen. Das andere Wort, das Gott sprach zum Schächer am Kreuze: Fürwahr, heute wirst du bei mir sein im Paradies, das dritte Wort, das Gott sprach: O Weib nimm wahr deines Sohnes Johannis. denn dieser ist dein Sohn. Das vierte Wort, das Gott sprach: Mich dürstet so hart ohne Unterlaß. Das fünfte Wort, das Gott sprach: O mein Gott, mein Gott warum hast du mich verlassen. Das sechste Wort. das Gott sprach: Es ist nun alles vollbracht. Das siebente Wort, das Gott sprach: O Vater! in deine Hände empfehle ich meinen Geist, er neigte sein Haupt, und verschied. † Jesus von Nazareth ein König † der Juden, also empfehle ich mich, mein Leib und meine Seele in deine Hände, und der heilige Segen und Friede, der sei zwischen mir und allen meinen Feinden sichtig und unsichtig. Gott dem Vater ergieb ich mich † Gott dem Sohn empfehl ich mich † Gott dem hl. Geist laß ich mich in seine heilige Ehr und Fried †, im Namen Gottes des Vaters †, Gottes des Sohnes †, und Gottes des heiligen Geistes †, Amen.

Jesus † Isyon † Sabaoth † Christus regnat † Christus imperat † et defendat me ab omni malo † c † b † M Christus autem transiens per medium illorum ibat in pace † Marcus † St. Johannes † omnes † Sancti Dei benedicant me N. N.

Unsers lieben Herrn Kreuz † sei mit mir, und mit meinem Haupte, und mit meinen Augen, und mit meinen Händen und mit meinen Füßen, und allen meinen Gliedern. Da Joseph verkauft war in Ägyptenland, der Segen gehe über mich allezeit. Der Segen, den Tobias tat über seinen Sohn, der gehe über mich allezeit. Der Segen, der St. Johannes der Täufer tat über unsern lieben Herrn Jesum Christum, da er ihn taufte im Jordan, der gehe über mich allezeit. Der Segen der da geschah über unsern lieben Herrn Jesum Christum, da er in die bittere Marter trat, der gehe über mich allezeit. Der Segen, den unsere liebe Frau tat über ihr liebes vertrautes Kind, da sie es in dem Tempel geopfert, der gehe über mich allezeit. Der Segen den Gott tat für sie da er sterben wollte, und aufgeben seinen hl. Geist an dem hl. Kreuze, seinem himmlischen Vater, der geht über mich allzeit. Der Segen, der mit Christo erstanden, an dem hl. Ostermorgen, der gehe über mich allzeit. Also wohl und gern unser lieben Frau vergönnt hat, ihren lieben Kindlein ihre Brust und ihr Spind † also wolle vergönnen mir alle Welt alles Gutes, in dem Namen

Gottes des Vaters †, und des Sohnes †, und des hl. Geistes †, Amen.

Crux Chisti † sit semper aquae me N. N. Crux Christi defendat me ab omnibus monittotibus meis, Amen.

Crux Christi † sit semper mecum in omni tripulatione et augustio die noctuque, Amen. Jesus autem transiens per medium illorum Christus vincie †, Christus regnat †, Christus imperat †. Par Domini nostri Jesu Christi † virtus sacratissimae passionis ejus signum Sot. Crucis negritas B. M. B. benedic in Sanctornm et Electorum Dei. Titulus Salvatoris nostri in Crux † I. N. N. I. † sit triumphalis hodie quoditie, inter me et inimie os meos visibiles et invisibiles contra omnia pericula animae et corporis me intempoce et loro. Amen. Agios † Athanatus †, Sother, Tetragrammaton † Jehova † Alpha et Omega †, Principum et finis, Jesus † Nazarenus Ner † Judäorum C. † M. † B. † Johannes † Matthäus † Marcus † Lucas, die vier Evangelisten tun mir mein Leben fristen.

O Maria, du Gebärerin, bitte Jesus dein vertrautes Kind, für mich, Amen.

Das Haupt Christi, das Heer Eliä, der Grund Davids, die Leber und Zunge Salamonis, die Knie Abrahams, das Blut Abel, die Gestalt Moses, die Reue Daniels und die Geduld des hl. Jakobi, die Gnade Johannis, die Demütigkeit unsers lieben Herrn und unser lieben Frau, der Friede des hl. Kreuzes sei zwischen mir, und allen meinen Feinden, sie seien sichtbar oder unsichtbar, im Namen Gottes des Vaters †, und des Sohnes †, und des hl. Geistes †, Amen.

Ein schönes Gebet zu dem süßen Namen Jesu.

O Herr Jesu Christe! erbarme dich meiner, denn unter dem Himmel ist kein anderer Name, in welchen ich kann selig werden, als in dem Namen Jesu. Sei mein Jesu, wenn ich in Sünden liege, sei mein Jesus, wenn ich schlafe, sei mein Jesus, wenn ich wache, sei mein Jesus, wenn ich im Unglück bin, sei mein Jesus, wenn ich krank bin, sei mein Jesus, wenn ich gesund bin, sei mein Jesus, wenn mich der böse Feind versucht, sei mein Jesus in dem Leben, sei mein Jesus, in dem andern Leben, sei mein Jesus, wenn ich ringe mit dem Tod, sei mein Jesus, wenn ich fahre von dieser Welt, sei mein Jesus, in dem Gericht Gottes, sei mein Jesus in der ewigen Belohnung; o gütigster Jesu, sei genügsamer Reichtum, eine stete Wollust, wenn ich dich habe, so habe ich alles, wenn ich dich nicht habe, so habe ich nichts, was hilft es meiner armen Seele, wenn ich schon die ganze Welt hätte, und hätte den hl. Namen Jesu nicht, diesen deinen hl. Namen Jesus, o Herr, schreibe mit deinem Blut in mein Herz, auf daß ich nichts empfinde von der Welt, und dem Fleisch, sondern mit dem hl. Bernardo rufe: o Jesus sei mein Jesus in Ewigkeit, Amen.

Ein schöner Segen so man ausgibt, darum der Tag und die Nacht sollte genannt werden, ist approbiert worden wider die bösen Leute.

O du hl. Dreifaltigkeit in einer Gottheit, Gott Vater † Sohn und hl. Geist, behüte mich und alle meine Leute heute den ganzen (Tag und Nacht), und allezeit vor allem Übel und Herzeleid der Seelen und des Leibes.

Mehr ein kräftiges Gebet zu sprechen.

Als wahr der Herr lebt und schwebt †, also wahr wird mich N. N. sein hl. Engel behüten im Hingehen und Hergehen. Gott der Vater ist meine Macht †, Gott der Sohn ist meine Kraft †, Gott der hl. Geist ist meine Stärke †, der Engel Gottes schlage alle meine Feinde hinweg, Amen.

Merke aber meine christliche Seele, daß du die vorige Gnade Gottes nicht vermessentlich oder leichtfertiger Weise mit Raufen oder Schlagen selbst gebrauchen, oder darauf hoffen, sondern du sollst dich vor Feindschaft hüten, und die Laster und Todsünden meiden, alsdann wird dich Gott der Allmächtige, der dich nach seinem Ebenbilde erschaffen bat, behüten und bewahren mit seiner starken Hand auf Wasser und Land, unter allen deinen Feinden, Gott der Sohn wird dich erlösen aus allem Unglück, und der hl. Geist Gottes wird dich trösten und stärken, hier zeitlich und dort ewiglich, Amen.

Eine schöne Offenbarung, so Christus denen hl, drei Frauen Elisabeth, Brigitta und Mechtild mündlich geoffenbart.

Erstlich sprach er: Wisset liebe Töchter, ich habe hundert und zwei Maultaschen von den Juden empfangen.

2. Bin ich von Ihnen im Garten 30mal mit der Faust auf den Mund geschlagen worden.

3. Bin ich in des Annas Haus siebenmal niedergesunken.

4. Habe ich auf das Haupt, Arm und Brust 30 Stiche empfangen.

5. Auf den Schultern meines Leibes und Schenkeln habe ich 30 Streiche empfangen.

6. Bin ich bei dem Haar 38mal aufgezogen worden.

7. Habe ich aus meinem Herzen 27 Seufzer gelassen.

8. Bin ich 72mal bei dem Bart gezogen worden.

9. Hab ich einen tödlichen Stoß bekommen, daß ich mit dem schweren Kreuz habe zu Boden sinken müssen.

10. Habe ich 6666 Streich in der Geißlung empfangen.

11. In dem Haupte habe ich von der Dornenkrone tausend Stich empfangen.

12. An dem Kreuze habe ich drei tödliche Dornenspitzen, so durch das Haupt gegangen, empfangen.

13. Ist mir 73mal ins Angesicht gespien worden.

14. Haben sie mir in meinem ganzen Leib 5473 Wunden gemacht.

15. Sind der jüdischen Soldaten, so mich gefangen haben 50, der Schergen 36, deren so mich getragen, drei gewesen.

16. Blutstropfen, so aus meinem Leibe geflossen, sind 30430.

Alle die da sprechen, alle Tage 7 Vater unser, und 7 Ave Maria, und einen Glauben so lange, bis sie die Zahl der obbemeldeten Tropfen werden vollbringen, denen will ich verleihen, zur Ehre meines bittern Leidens und Sterbens die fünf nachfolgenden Ablässe und Gnaden.

1. Vollkommenen Nachlaß und Verzeihung aller ihrer Sünden.

2. Sie werden die Peinen des Fegfeuers nicht empfinden.

3. So sie sterben, ehe daß sie die Zeit oder Jahre vollendet, so will ich halten, als wenn sie die ganze Zeit vollendet hätten.

4. Ich will sie den hl. Märtyrern vergleichen, als wenn sie für mich und meinen Glauben das Blut vergossen hätten.

5. In der Stunde des Todes will ich ihre Seelen durch ihren Schutzengel in den Himmel fahren lassen samt allen ihren Blutsfreunden, so noch im Fegfeuer würden leiden, bis in das letzte Glied.

Diese Offenbarung ist gefunden worden in dem heiligen Grabe zu Jerusalem, und wer sie bei sich trägt, dem kann der böse Feind keinen Schaden zufügen, er wird von dem jähen Tode bewahrt, und kann nicht übel sterben. So eine schwangere Frau solches bei ihr trägt, soll sie leicht gebären.

Diese Grüßung hat 800 Jahr Ablaß.
E. Lycäo.
l. 6. c. 9.

Gegrüßt seist du heiliges Haupt unsers Seligmachers Jesu Christi, so unter allen Häuptern schön, herrlich und ehrwürdig, jedoch um unsertwillen mit Dörnern gekrönt und mit einem Rohr geschlagen worden ist.
Gegrüßt seist du allerheiligstes Angesicht unsers lieben Herrn Jesu Christi, an dem alle Engel eine Freude haben, jedoch unserthalben verspeit, und mit Backenstreichen geschlagen worden.
Seid gegrüßt allerliebste Augen meines lieben Herrn Jesu Christi, um unsertwillen mit viel Tränen reichlich übergossen.
Gegrüßt seist du hl. Mund und süßeste Kehle unsers lieben Herrn Jesu Christi um unsertwillen mit Galle und Essig getränkt.

Seid gegrüßt ihr alleradelichste Ohren unsers Herrn Jesu Christi, mit viel Schmach und Scheltworte beleidigt.

Gegrüßt seist du o demütiger Hals und Nacken unsers lieben Herrn Jesu Christi, um unsertwillen hart geschlagen, gegeißelt und zerrissen.

Gegrüßt seist du allermildeste Brust Jesu Christi, die um unsertwillen am hl. Kreuz durchlöchert ist worden.

Gegrüßt seist du allerheiligste und edelste Seite meines lieben Herrn Jesu Christi, um unsertwillen in seinem bittern Leiden zum höchsten betrübt.

Gegrüßt seist du allerreinstes und mildestes Herz unsers lieben Herrn Jesu Christi um unsertwillen mit des Kriegsknechts Speer durchstochen, daraus Blut und Wasser zu unserm ewigen Heil geflossen ist.

Seid gegrüßt ihr ehrwürdigen Knie unsers lieben Herrn Jesu Christi, die sich oft um unsers Heiles willen, im Gebete gebogen haben.

Seid gegrüßt ihr heiligen Füße unsers lieben Herrn Jesu Christi, die würdig sein anzubeten, jedoch um unsertwillen ans Kreuz geheftet.

Gegrüßt seist du allerheiligster Leib unsers lieben Herrn Jesu Christi, um unsertwillen, am Stamme des Kreuzes gehängt und verwundet, gestorben und begraben.

Gegrüßt seist du, o allerheiligstes und kostbarliches Blut unsers lieben Herrn Jesu Christi, für uns arme elende Sünder aus seiner heiligen Seite und von allem seinem Leibe so reichlich geflossen.

Seid gegrüßt ihr Glieder, Adern, Beine und die ganze edle zarte Menschheit Jesu Christi, so über 32 Jahre mit Mühe und Arbeit unser Heil gewirkt haben. O gütigster und barmherzigster Jesu Christe, durch diese deine so heiligen Glieder, und durch dein bitteres Leiden, bitt ich dich flehentlich, daß du mir verleihst Hilfe in meinem Jammer und Widerwärtigkeit, Kraft in allen meinen Anfechtungen, Verzeihung meiner Sünden, Besserung meines Lebens, Behütung von dem Übel, ein seliges Ende und die ewige Freude, Amen.

Ein sehr nützliches Gebet, welches der Papst Leo seinem Bruder Carolo wider seine Feinde geschickt hat, mit solchem Ablaß, wer solches gedenkt, oder bei sich tragen wird, stirbt nicht jählings, und weder Wasser noch das Feuer, auch kein Feind kann ihm schaden; und in welchem Haus dies Gebet ist, dem schadet kein Feuer, jede schwangere Frau wird leicht gebären und das Kind vor Gott und Menschen angenehm sein.

Gebet.

Heilige Jungfrau Maria! bleib mit deiner Hilfe bei mir! Christus Jesus hüte mich und bewahre. mich vor allen bösen und widerwärtigen Sachen. Das Kreuz †

Christi helfe mir †, Kreuz † Christi überwinde alle meine Feinde! Kreuz † Christi sei mein Beschützer vor und hinter mir. Dazu helfe mir Gott der Vater, Gott der Sohn und Gott der heilige Geist von Ewigkeit in Ewigkeit, Amen.

Diese hl. Worte sind von Gott selbst gesandt worden, dem Papst Leo, und Papst Leo sandte dieselben seinem Bruder wider seine Feinde mit solcher Kraft geweiht, daß wer dieselbe lesen, oder andächtig hören wird, der erlangt Ablaß auf 10 Tage und nichts kann ihm schaden.

Gebet.

Christus sei mit mir und über mir, sei mein höchster Beschützer, ich bezeichne mich mit dem heiligen Kreuz † aufstehend und niederlegend.
Jesus! wie du diese Worte geheiligt hast mit deiner hl. Liebe, also erleuchte du mich durch deine Marter und hl. Blut, welches aus deiner heiligen Seite geflossen † Jesus †, Messias †, Emanuel †, Kreuz Christus ist aus dem Grabe erstanden; Christus behütet mich vor allem Übel, und vor den Todsünden; † Mutter Gottes; † Christus bewahre mich vor dem bösen Geist. Hl. Johannes der Täufer, der du im Jordan

Christum getauft hast, bewahre meinen sündigen Leib vor Feuer, Schwert und Teufelsgeschoß, auf daß ich alle Feinde der Erbschaft Christi überwinden kann. Dazu helfe mir die hl. Mutter Gottes und alle Heiligen. Amen † † †.

Dieser Brief ist gefunden worden in dem Britannierland, welchen der Herr Christus in ein Kloster gesendet hatte.

Unserer Lieben Frauen-Traum.

† † †

Im Namen Gottes des Va†ters Gottes des Soh†nes, und Gottes des heiligen Gei†stes, ein einiger Gott. Amen.
Jesus Christus Gottes Sohn und reiner Jungfrau Maria. Als die heilige Jungfrau Maria zu Betlehem, auf dem Berg eingeschlafen war, kam zu ihr der Sohn Gottes, ihr lieber Engel und sprach zu ihr: Meine allerliebste Mutter, schläfst oder erwachst du? Sie sprach: ich habe geschlafen und du hast mich erweckt, und hat mir erschrecklich geträumt: Ich habe gesehen, als wärst du im Garten gefangen, mit Stricken gebunden, von Kaiphas zu Pilatus, von Pilatus zu Herodes geführt worden, daß sie dein heiliges Haupt geschlagen, mit Dornen gekrönt, und aus dem Richterhaus geführt, Holz auf deine heilige Achsel gelegt, aus der Stadt geführt, und ans Kreuz ge-

schlagen haben, so hoch, daß ich dich nicht habe erreichen können. Deine heilige Seite wurden durchstochen, daraus Blut und Wasser geflossen, und auf mich geträpfelt hat; danach dich abgenommen, und also gekreuzigt, in meine Hände wie einen Toten gelegt, und begraben, so daß mir aus großen Schmerzen das Herz hätte zerspringen mögen.

Jesus sprach zu ihr: Meine allerliebste Mutter, es ist dir ein wahrhafter Traum vorkommen. Wer diesen Traum gedenken oder bei sich tragen wird, der wird von allen bösen Sachen befreit sein, und wird nie jählings sterben, auch nicht ohne Empfang des hl. Sakramentes aus dieser Welt verscheiden. Ich und die Mutter werden bei seinem letzten Ende sein und seine Seele in das Himmelreich einführen.

ENDE.

† † †

Tage, daran benannter heiliger Patronen und Gedächtnis gehalten werden.

St. Michael den 29. September.
St. Johannes den 24. Juni.
St. Jakobus den 23. Juli.
St. Matthäus den 21. September.
St. Andreas den 30. November.
St. Ulrich den 4. Juli.
St. Georgius den 23. April.
St. Ignatius den 31. Juli.
St. Benedictus den 21. März.
St. Sebastian den 20. Januar.
St. Franziskus den 4. Oktober.
St. Augustinus den 28. August.
St. Dominikus den 4. August.
St. Joseph den 19. März.
St. Bernhard den 26. August.
St. Catharina den 25. November.
St. Barbara den 4. Dezember.
St. Ursula den 21. Oktober.
St. Wolfgang den 31. Oktober.
St. Elisabeth den 19. November.
St. Anna den 26. Juli.
St. Magdalena den 22. Juli.
St. Theresia den 15. Oktober.

Wahre Reue und Leid des sündigen Menschen, von Pat. Marco de Aviano, des hl. Kapuziner Ordensprediger, aufgesetzt.

Jesus † Maria.

Ich allerarmseligstes und unwürdigstes Geschöpf werfe mich zu deinen allerheiligsten Füßen mit ganz betrübtem und zerknirschtem Herzen gegen dich. Erlöser meiner armen Seele erkenne und bekenne, daß ich von meiner Geburt an bis gegenwärtiger Stunde meines Lebens unzählbar viele Nachläßigkeiten, Sünden und Laster begangen habe; ich habe dich, mein Gott, beleidigt; ich habe dich, mein Gott, erzürnt, über welches ich unendliche Reue und Leid trage, und wäre mir lieber alle Widerwärtigkeit der Welt, ja wenn es möglich, der Tod selbst hunderttausendmal begegnet, als daß ich dich das höchste Gut beleidigt. Ich habe wider dich, o Gott, getan; ich habe gesündigt, und bereue es mit unendlichen Schmerzen, darum bitte ich dich, vergib mir um Jesu Christi willen, Amen.

Segen.

Gott sei Lob, Maria Ehre, den Heiligen Glorie, den Lebendigen Friede, den Toten Ruhe, den Kranken Heil, Stille auf dem Meer, Glück auf den Straßen:

und die hl. Jungfrau Maria segne uns mit ihrem lieben Kindlein Jesu, Amen.

Jesus † Maria.

Es segne dich der Herr, und bewahre dich. Er zeige dir sein hl. Angesicht, und erbarme sich deiner! Er wende sich zu dir, und gebe dir den Frieden. Der Herr segne dich, und erledige dich, von allem Übel, nach deinem Glauben: denn dem, der glaubt, sind alle Dinge möglich.
Im Namen Gott des Va†ters, und des Soh†nes und des hl. Gei†stes, Amen.

Darauf sollen gesprochen werden zu Ehren der unbefleckten Empfängnis Maria, drei Vater unser und drei Ave Maria.

Auch in die hl. 5 Wunden des gekreuzigten Erlösers fünf Vater unser und fünf Ave Maria.

Laus DEO Virginique Matrii Mariae.

I. H. S.

Geistliche Schild-Wacht,

darinnen der Mensch ihm für eine jegliche Stund, sowohl des Tages als bei der Nacht einen besondern Patron aus den Heiligen Gottes erwählt.
Welchen er mit einem Gebetlein anruft der in der Stunde seines Absterbens
gleichsam stehen und wachen wolle, damit er nicht von arglistigen Anfechtungen des bösen Feindes überwunden werde.

Math. 21.

Wachet, denn ihr wisset weder den Tag noch die Stunde.

Marc. 14.

Wachet und betet, daß ihr nicht in Versuchung fallet.

Von 1 Uhr des Tages bis auf 2 Uhr soll für mich Schildwacht halten, der hl. Erzengel Michael.

Gebet.

O heiliger Erzengel Michael, der du das Volk Gottes allezeit beschützest und den Lucifer mit seinem rebellischen Anhang vom Himmel gestürzt hast. Dir befehle ich mein letztes Sterbe-Stündlein, sonderlich wann solches sollte zwischen 1 und 2 Uhr des Tages geschehen, so bitte ich dich du wollest in selbiger Stunde für mich wachen und beten, daß ich nicht in Versuchung falle, sondern wider alle Anfechtung des bösen Feindes ritterlich streite. Und dann bitte ich dich, durch Jesum Christum unsern Herrn, Amen.

Von 2 Uhr des Tage bis auf 3 Uhr soll für mich Schildwache halten St. Johannes der Täufer.

Gebet.

O hl. Johannes der Täufer und Vorläufer Christi, der du in solcher Demut gelebt, und Christum Jesum gepredigt, daß du dich nicht würdig geschätzt, seine Riemen aufzulösen und derentwegen also bist erhöht worden, daß unter allen, die von Weibern geboren, kein größerer ist auferstanden als du. Der du auch ein glückseliges Sterbestündlein gehabt, indem du ganz unschuldig enthauptet worden bist. Dir befehle ich mein letztes Sterbestündlein, und wann solches sollte zwischen 2 und 3 Uhr des Tages geschehen, so bitte ich dich, du wollest für mich wachen und beten, das ich nicht in Versuchung des bösen Feindes falle, sondern du wollest mein Vorläufer sein zu der ewigen Freude und Seligkeit, auch in demjenigen Augenblick, in welchem ich vor meinem Hinscheiden werde Ansehen müssen den höllischen Feind, tue unter solchem erschrecklichen Anblick mich trösten, und mir denjenigen zeigen, auf welchen du vor diesem mit deinem Finger gezeigt hast, da du gesagt: Sehet, das ist das Lamm Gottes, welches hinnimmt die Sünden der Welt. Um dieses alles Bitte ich dich, o hl. Johannes, durch Jesum Christum, unsern Herrn, Amen.

Von 3 Uhr des Tages bis auf 4 Uhr soll für mich Schildwache halten der hl. Jakob der Größere.

Gebet.

O hl. Jakob, du glorwürdiger Apostel, der du so herzhaft und fröhlich in den Tode gingest, daß derjenige, welcher dich zur Hauptstadt hinausgeführt, sich wegen dir entsetzt, und deswegen zum christlichen Glauben begeben, und mit dir die Marterkrone erlangt hat. Ich befehle dir mein letztes Sterbstündlein, und wenn solches sollte zwischen 3 und 4 Uhr des Tags geschehen, so bitte ich dich du wollest wachen und beten, daß ich nicht in Versuchung der Kleinmütigkeit falle und mich unordentlich ob dem Tode entsetze. Um dies alles bitte ich dich, durch Jesum Christum, unsern Herrn. Amen.

Von 4 bis auf 5 Uhr soll für mich Schildwache halten der heilige Evangelist und Apostel Matthäus.

Gebet.

O heiliger Matthäus, du auserwählter Apostel und Evangelist, der du ein glückseliges Sterbestündlein gehabt hast, da du auf dem Altar das Opfer der Heiligen verrichtet hast, bist du mit einer Lanze durchstochen worden, und also die Marterkrone erlangt. Ich befehle dir mein Sterbestündlein sonderlich wann solches sollte zwischen 4 und 5 Uhr des Tages geschehen, so bitte ich dich du wollest alsdann für mich wachen und beten, daß ich nicht falle in Versuchung des bösen Feindes also daß ich mich selbst sollte vernachlässigen, sondern erlange mir diese Gnade, daß ich ohne würdige Nießung des allerheiligsten Sakraments aus diesem Leben nicht scheide. Um dies bitte ich dich durch Jesum Christum, unsern Herrn, Amen.

Von 5 Uhr des Tages bis auf 6 Uhr soll für mich Schildwache halten St. Andreas.

Gebet.

O du heiliger Andreas, triumphierender Apostel Christi, der du mit fröhlichem Herzen und großem Verlangen deinem Tod-Bette dem Kreuze von wietem herzhaft zugerufen, und an solchen zwei ganzer Tage hangend bestandhaftig gestritten und gelitten, auch endlich dein Leben seliglich daran beschlossen. Dir befehle ich mein letztes Sterbestündlein, sonderlich wann solches sollte zwischen 5 und 6 Uhr des Tages geschehen, so bitte ich dich, du wollest wachen und beten, daß ich nicht falle in Versuchung, sondern wache, daß ich alle Todesschmerzen geduldig leide; dies bitte ich dich durch Jesum Christum, unsern Herrn, Amen.

Von 6 Uhr des Tages bis auf 7 Uhr soll für mich Schildwache halten der hl. Ulrich.

Gebet.

O heiliger Ulrich, du berühmter Augsburgischer Bischof, der du ein kleines vor deinem Abschied dich hast in die Kirche tragen lassen, die hl. Messe zu hören, darnach einen Teppich auf die Erde gebreitet, und eine halbe Stunde darauf gelegen und gebetet, nach Vollendung des Gebets hast du dich aufgerichtet, und fast alles, was du gehabt unter die Armen ausgeteilt. Ich befehle dir mein Sterbestündlein, und wann solches zwischen 6 und 7 Uhr des Tages geschehen sollte, so bitte ich dich, du wollest wachen und beten, daß ich nicht falle in Versuchung der vorigen zeitlichen Sorgen, sondern mich solcher aller in meinen Todesnöten entschlagen, und alles willig und gern um Gotteswillen verlassen. Dieses bitte ich dich, durch Jesum Christum, unsern Herrn, Amen.

Von 7 Uhr des Tages bis auf 8 Uhr soll für mich Schildwache halten, St. Georgius.

Gebet.

O heiliger Märtyrer und strenger Ritter St. Georgi der du unter dem blutgierigen Kaiser Diocletianus um Christi willen, so grausame und vielfältige Martern willig gelitten, und bis auf den Tod beständig verblieben. Daher dann im Orient und Okzident, dein Name sehr berühmt und also von jedermännlich um Fürbitte bei Gott dem Allmächtigen angerufen wird. Also auch befehle ich dir mein letztes Sterbestündlein, und wenn solches sollte zwischen 7 und 8 des Tages geschehen, so bitte ich dich, du wollest wachen und für mich bitten, daß ich nach deinem Exempel, auch in dieser meiner letzten Not wider alle meine Feinde sichtbarlich und unsichtbarlich ritterlich streiten, und den Sieg erlangen möge, Amen.

Von 8 Uhr des Tages bis auf 9 Uhr soll für mich Schildwache halten, St. Ignaz.

Gebet.

O hl. Beichtiger Ignaz! Stifter der Sozietät Jesu, der du dich aus dem weltlichen Kriegswesen begeben hast, unter den Kreuzfahnen, Jesu Christi, unter denselben in Geistlichkeit also zugenommen, daß du oft und viel zu sagen pflegest: Ach wie übel riecht die Erde, wann ich den Himmel anschaue. Ich befehle dir mein letztes Sterbestündlein, und wann solches sollte geschehen zwischen 8 und 9 des Tages, so bitte ich dich, du wollest wachen und beten, daß ich nichts anderes in meinem Mund und Herzen führe, dann den süßen Namen Jesus, bis an meinen letztem Atem, Amen.

Von 9 Uhr des Tages bis auf 10 Uhr soll für mich Schildwache halten St. Benediktus.

Gebet.

O heiliger Abt Benedikt, der du dir 6 Tage vor deinem Sterbestündlein hast lassen dein Grab eröffnen und auftun, und am sechsten Tag hast du dich in die Kirche tragen lassen, und dorten die Empfangung des hl. Sakramentes des Altares, dich auf die Reise gerichtet, und unter den Händen deiner Jünger, stehend, mit ausgestreckten Armen deinen Geist aufgeben. Ich befehle dir mein letztes Sterbestündlein, und wann solches sollte zwischen 9 und 10 des Tages geschehen so bitte ich dich, du wollest für mich wachen und beten, daß ich nicht in solche Versuchung falle, dadurch ich bewegt würde, meine Beicht und Buße bis auf meinen letzten Zug aufzuschieben, sondern erlange mir diese Gnade, daß ich ohne rechte und wahre vollkommene Beicht nicht aus diesem Leben scheide. Dieses bitte ich dich durch Jesum Christum, unsern Herrn, Amen.

Von 10 Uhr des Tages bis auf 11 Uhr soll für mich Schildwache halten der hl. Sebastian.

Gebet.

O hl. Märtyrer Sebastian, der du in dem christlichen Glauben, bis auf den letzten Todeszug, so standhaft geblieben, daß weder die Pfeile mit welchen dein ganzer Leib durchschossen, auch weder die Prügel noch Kolben, mit denen du endlich bist zu Tod geschlagen worden, dich haben von solchem Glauben können abwendig machen. Dir befehle ich mein letztes Sterbestündlein, und wann solches sollte zwischen 10 und 11 des Tages geschehen, so bitte ich dich, du wollest wachen und beten, daß ich nicht falle in Versuchung einiges Zweifels in Glaubensartikeln, sondern fest und bestandhaftig glaube, was die christliche Kirche befiehlt zu glauben, und in diesem Glauben lebe und sterbe. Dieses bitte ich dich durch Jesum Christum, unfern Herrn, Amen.

Von 11 Uhr des Tages bis auf 12 Uhr, soll für mich Schildwache halten St. Franziskus.

Gebet.

O hl. seraphisch. Vater Franziskus, der du vor dienem Ende begehrt hast, den Abschied des Herrn aus dem Evangelium dir vorzulesen und nach Vollendung desselben hast du in diesen Worten: O Herr führe meine Seele aus dem Kerker, daß ich lobe deinen hl. Namen, die Gerechten erwarten mein, bis du mir vergeltest etc. kommen deinen Geist aufgeben. Ich befehle dir mein letztes Sterbestündlein, und wann solches sollte zwischen 11 und 12 Uhr des Tages geschehen, so bitte ich dich, du wollest wachen und beten, daß ich nicht in Versuchung und Vergessung des bittern Leidens und Sterbens Jesu Christi falle, sondern gleichwie er dir in Lebzeiten seine hl. fünf Wunden an deinem Leib hat eingedrückt, also wollest du mir auch in meinem letzten Sterbestündlein die Gedächtnis des bittern Leidens und Sterbens Jesu in mein Herz eindrücken, daß ich unabläßlich an solches gedenke, und alle meine Schmerzen getrost nach den Schmerzen Christi ausmesse, und solche mit denselben vereinige. Dieses bitte ich dich durch Jesum Christum, unsern Herrn. Amen.

Von 12 Uhr des Tages bis auf 1 Uhr soll für mich Schildwache halten St. Augustinus.

Gebet.

O du hl. hocherleuchteter Vater und Kirchenlehrer Augustinus, der du dir in deiner letzten Krankheit die sieben Bußpsalmen hast abschreiben lassen, und solche an die Wand heften, welche du im Bette liegend die ganze Zeit deiner Krankheit angeschaut, und solche oftmals mit weinenden Augen gebetet, sprechend: daß niemand solle ohne würdige und billige Buße aus diesem Leben scheiden. Und damit du von solcher deiner Andacht nicht verhindert werdest hast du niemand vor dein Totenbett gelassen, als allein diejenigen, welche dir zu einem glückseligen Sterbestündlein dienlich gewesen. Dir befehle ich meine letzten Augenblicke und wann solches zwischen 12 und 1 Uhr des Tages geschehen sollte, so bitte ich dich, du wollest wachen und beten, damit ich nicht falle in die Versuchung der Unbußfertigkeit, sondern wollest mir diese Gnade erlangen, daß ich ohne würdige und heilige Buße nicht aus diesem Leben scheide, auch allein solche Menschen um mein Todbett herum stehen sehe, die mich zu denjenigen guten Gedanken könnten bewegen, in welchem Gott will, daß ich mein Leben beschließe und die ewige Glorie erlange. Dies bitt ich dich durch Jesum Christum, unsern Herrn, Amen.

Von 1 Uhr des Nachts bis auf 2 Uhr soll für mich Schildwache halten der heilige Dominikus.

Gebet.

O heiliger Vater Dominikus! aus geistlichem Stamm in Spanien geboren, Stifter des Prediger-Ordens und der Erzbruderschaft des heiligen Rosenkranzes, ein sonderbarer Liebhaber der seligen Mutter Gottes, der du dein Leben in sehr großer Strenge zugebracht, solches mit noch größerer Heiligkeit beendet. Dir befehle ich mein letztes Sterbestündlein, und wann solches sollte zwischen 1 und 2 Uhr in der Nacht geschehen, so bitte ich dich, du wollest für mich wachen und beten, daß ich nicht falle in Versuchung auch mit zugänglichen Dingen mich nicht bekümmere, sondern in fester Hoffnung und inbrünstiger Liebe zu Gott meinen Geist aufgebe, Amen.

Von 2 Uhr des Nachts bis auf 3 Uhr soll für mich Schildwache halten St. Joseph.

Gebet.

O hl. Joseph du allerkeuschester Gemahl der allerreinsten Mutter Gottes, und ihres eingeborenen lieben Sohnes allertreuester Pfleger und Ernährer, den du in deinem Sterbestündlein zum Fürsprecher und Tröster gehabt hast. Christum selbst, und Maria, seine liebe Mutter die jungfräuliche Braut auch unter ihren Armen deinen allerheiligsten Geist aufgegeben: dir befehle ich mein letztes Sterbestündlein, und wenn solches zwischen 2 und 3 Uhr in der Nacht geschehen sollte, so bitte ich dich, du wollest wachen und beten, daß ich nicht in Versuchung falle, sondern wann der Baum meines Lebens durch den Tod wird abgehauen werden, ich alsdann in die Arme Christi und in den Schoß der gebenedeiten Mutter Gottes falle, und in solchen meinen Geist aufgebe, Amen.

Von 3 Uhr des Nachts bis auf 4 Uhr soll für mich Schildwache halten der hl. Bernhard.

Gebet.

O hl. Abt Bernhard, der du in deiner blühenden Jugend die Welt und alle ihre Pracht nicht allein verlassen, sondern auch alle deine Brüder dergleichen zu tun, mit so eifrigen Worten beredet hast, allda du ein heiliges und sehr strenges Leben in aller Geduld bis in den Tod geführt. Dir befehle ich mein letztes Sterbestündlein, und wann solches sollte zwischen 3 und 4 Uhr in der Nacht geschehen, so bitte ich dich, du wollest alsdann wachen und beten, daß ich nicht in Versuchung der Ungeduld falle, sondern daß ich in meinen Schmerzen gegen Himmel sehe und kräftiglich dafür halte, daß diese Zeit alles Leiden nicht wert sei, der zukünftigen Herrlichkeit, die an uns soll offenbar werden. Dieses alles bitte ich dich durch Jesum Christi, unsern Herrn, Amen.

Von 4 Uhr des Nachts bis auf 5 Uhr soll für mich Schildwache halten die hl. Märtyrin Katharina.

Gebet.

O du hl. Jungfrau und Märtyrin Katharina, die du nach großen vielen ausgestandenen Peinen dein letztes Todbettlein hattest auf einem hölzernen Rade haben sollen, daran lauter eiserne Spitzen und scharfe Messer gewesen. Dieweil du aber durch dein eifriges Gebet Gott den Allmächtigen dahin bewegt hast, daß er mit Feuer vom Himmel das Rad und deine Peiniger verzehrte; also hast du endlich dein Leben mit dem Schwert selig beschlossen. Dir befehle ich mein letztes Sterbestündlein, und wann solches sollte zwischen 4 und 5 Uhr in der Nacht geschehen, so bitte ich dich du wollest alsdann für mich wachen und beten das ich nicht falle in Versuchung des bösen Feindes, und von demselben überwunden werde, sondern daß durch die Gnade Gottes allen meinen Verfolgern alle Macht und Kraft gesperrt werde. Dieses bitte ich dich durch Jesum Christum, unsern Herrn, Amen.

Von 5 Uhr des Nachts bis auf 6 Uhr soll für mich Schildwache halten die heilige Märtyrin Barbara.

Gebet.

O du hl. Märtyrin Barbara! Die du wegen des christlichen Glaubens mit Ochsensehnen bis auf das Blut bist zerhauen worden und dir darauf deine schmerzende Wunden mit spitzig zerbrochenen Scherben zerrieben, so bist du auch mit eisernen Ketten und Kränzen zerrissen, und an den Seiten mit Fackeln gebrannt worden, hernach von deinem leiblichen Vater mit Füssen getreten, und mit Fäusten geschlagen, bei den Haaren auf dem Boden herumgezogen, zuletzt von ihm selbst enthauptet worden. Dir befehle ich mein letztes Sterbestündlein, und wann solches nun sollte zwischen 5 und 6 Uhr des Nachts geschehen, so bitte ich dich du wollest alsdann für mich wachen und beten, daß ich nicht falle in Versuchung einer Feindschaft, sondern das ich von Herzen allen Menschen verzeihe, auch von allen Verzeihung begehre. Dieses bitte ich dich durch Jesum Christum, unsern Herrn, Amen.

Von 6 Uhr des Nachts bis auf 7 Uhr soll für mich Schildwache halten die hl. Märtyrin Ursula.

Gebet.

O du hl. Märtyrin Ursula, die du deiner ganzen Gesellschaft, vor deinem Sterbestündlein mit so herrlichen Worten hast zugesprochen, sie sollen eher alle Marter und Pein willig ausstehen, als in eine Sache willigen, welche wider Gott und ihr Gewissen sei. Ob welchem Zusprechen sie dermaßen beherzigt und bestärkt worden, daß sie allesamt, die ihr Blut vergossen, zugleich das Marter- und Jungfraukränzlein erlangt haben. Dir befehle ich mein letztes Sterbestündlein, und wann solches zwischen 6 und 7 bei nächtlicher Weile geschehen sollte, so bitte ich dich, du wollest wachen und beten, daß ich nicht falle in Versuchung eines bösen Gewissens, sondern daß ich sowohl in meinem Leben als in meinem Tod gesinnt sei, eher alle Marter und Pein auszustehen, als wissentlich und unbedächtiglich in eine Todsünde zu fallen. Dieses bitte ich dich durch Jessum Christum, unsern Herrn, Amen.

Von 7 Uhr des Nachts bis auf 8 Uhr soll für mich Schildwache halten St. Wolfgang.

Gebet.

O hl. Bischof Wolfgang von edlem schwäbischen Geblüt geboren, und du deine Jugend mit Studieren und Beten so andächtig zugebracht, daß du aus einem hl. Mönch zum Bischof zu Regensburg bist erwählt worden in welchen Hirtenamte du insonderheit deine untergebene Schäflein treulich geweidet und den Armen mit großer Mildigkeit geholfen, bis du von Gott aus diesem Jammertal abgefordert worden. Dir befehle ich mein letztes Sterbestündlein und wann solches sollte zwischen 7 und 8 nächtlicher Weile geschehen, so bitt ich dich du wollest wachen und beten, daß ich nicht in Versuchung der Kleinmütigkeit falle, sondern meine Hoffnung lege auf die Verdienste meines Herrn Jesu Christi, und auf solchem festen Vertrauen mein Leben christselig beschließen möge, Amen.

Von 8 Uhr des Nachts bis auf 9 Uhr soll für mich Schildwache halten St. Nikolaus.

Gebet.

O hl. Bischof Nikolaus, welcher in deiner Kindheit sonderbare Zeichen geben deiner künftigen großen Heiligkeit, indem du noch ein unmündiges Kind, am Mittwoch und Freitag dich der Muttermilch enthalten, darnach im bischöfl. Amte mit großen Wunderzeichen geleuchtet, auch ein barmherziger Vater gewesen, gegen alle so in Not sich befanden. Dir befehle ich mein letztes Sterbestündlein, und wann solches sollte zwischen 8 und 9 bei nächtlicher Weile geschehen, so bitte ich dich, du wollest wachen und beten, daß ich mein Leben christlich beschließe, Amen.

Von 9 Uhr des Nachts bis auf 10 Uhr soll für mich Schildwache halten St. Elisabeth.

Gebet.

O du hl. Elisabeth in deren Leib dein liebes Kind St. Johannes Christus zu Ehren vor Freud ist aufgesprungen und weil du in deinem Leben bist voll des hl. Geistes gewesen, also ist wohl zu glauben, du habest auch dein Leben mit Völle des hl. Geistes geendet; darum befehle ich dir auch mein letztes Sterbestündlein, und wann solches sollte zwischen 9 und 10 bei Nachts geschehen, so bitte ich dich, du wollest wachen und beten, daß ich nicht falle in Versuchung des bösen Feindes, und mein Gewissen mit allerlei unnützen Gedanken beschwere. Um dieses bitte ich dich, durch Jesum Christum, unsern Herrn, Amen.

Von 10 Uhr des Nachts bis auf 11 Uhr soll für mich Schildwache halten die heilige Anna.

Gebet.

O du hl. Anna, du Gebärerin der allerreinsten Jungfrau und Mutter Gottes Maria, die du gottselig gelebt und gottselig gestorben, die du auch beim allerglückseligsten Sterbestündlein deiner lieben Tochter Maria selbst persönlich neben einer großen Anzahl der hl. Engel gewesen. Dir befehle ich mein letztes Sterbestündlein und wenn solches zwischen 10 und 11 bei nächtlicher Weile soll geschehen, so bitte ich dich, du wollest wachen und beten, damit ich nicht in Versuchung des bösen Feindes falle, sondern mir die Gnade erlangen, und deine liebe jungfräuliche Tochter mir nach diesem Elende zeigen, und machen, daß sie mir in meinem letzten Sterbestündlein mütterlich beistehe. Dieses bitte ich dich, durch Jesum Christum, unsern Herrn, Amen.

Von 11 Uhr des Nachts bis 12 Uhr soll für mich Schildwache halten St. Maria Magdalena.

Gebet.

O. hl. Maria Magdalena, du große Büßerin, die du dich auf dreißig Jahre in der Wüste mit einem strengen bußfertigen Leben zu einem glückseligen Sterbestündlein bereitet hast, auch alle Tage von den

Engeln in die Höhe über sich erhebt worden, die befehl ich mein letztes Sterbestündlein, und wenn solches sollte zwischen 11 und 12 in der Nacht geschehen, so bitte ich dich, du wollest alsdann für mich wachen und beten, daß ich nicht falle in Versuchung vor Unbußfertigkeit, sondern meine Sünden beweine, als wie du die Deinigen beweint hast, auf das dich Gott liebe, als wie du ihn nach deiner Bekehrung geliebt hast, auf daß ich in meinem letzten Sterbestündlein von Christo Jesu möge hören diejenigen Worte, welche er zu dir gesagt hat, sprechend: Dir werden deine Sünden vergeben, dafür, daß du mich geliebt. Um dieses bitte ich dich durch Jesum Christum, unsern Herrn, Amen.

Anhang.

Heiliger Segen

zum

Gebrauch frommer Christen, um in allen Gefahren, worin sowohl Menschen als Vieh oft geraten, gesichert zu sein.

Morgengebet, welches, wenn man über Land geht sprechen muß, so alsdann den Menschen vor allem Unglück bewahrt.

Ich N. (hier nenne deinen ganzen Namen) will heute ausgehen. Gottes Steg und Weg will ich gehen, wo Gott auch gegangen ist, und unser lieber Herr Jesus Christ, und unsere herzliebe Jungfrau mit ihrem herzlieben Kindlein mit ihren 7 Ringen, mit ihren wahren Dingen: o du mein lieber Herr Jesu Christ! ich bin eigen dein, daß mich kein Hund beißt kein Mörder beschleicht: behüt mich mein Gott vor dem jähen Tod; ich steh in Gottes Hand, da bind ich mich; in Gottes Hand bin ich gebunden durch unsers Herrn Gottes hl. 5 Wunden, daß mir alle und jede Gewehr und Waffen so wenig schaden, als der hl. Jungfrau Maria ihre Jungfrauschaft; mit ihrer Gunst, mit ihrem Sohn Jesus. (Bete 3 Vater unser, und 3 Ave Maria und einen Glauben.)

So ein Mensch die Mundfäule hat, so spreche man nachfolgendes, es hilft gewiß.

Job zog über Land, der hat den Stab in seiner Hand, da begegnete ihm Gott der Herr und sprach zu ihm: Job, warum trauerst du so sehr? Er sprach: Ach Gott!

warum soll ich nicht trauren, mein Schlund und mein Mund will mir abfaulen. Da sprach Gott zu Job: Dort in jenem Tale, da fließt ein Brunn, der heilet dir N. N. dein Schlund und dein Mund, im Namen Gottes des Vaters, des Sohnes, und des hl. Geistes, Amen.

Dieses sprich 3mal des Morgens und des Abends: und wenn es heißt: der heilet dir N. N. so bläst man dem Kinde 3mal in den Mund.

Ein gewisser Feuersegen, so allezeit hilft.

Das walt das bittere Leiden und Sterben unsers lieben Herrn Jesu Christi!
Feuer und Wind und heiße Glut, was du in deiner elementischen Gewalt hast, ich gebiete dir bei dem Herrn Jesu Christo, welcher gesprochen hat über den Wind und das Meer, die ihm aufs Wort gehorsam gewesen; durch diese gewaltige Worte, die Jesus gesprochen hat, tu ich dir Feuer befehlen, drohen und ankündigen, daß du gleich fluchs dich solltest legen mit deiner elementischen Gewalt, du Flamme und Glut: das walt das hl. rosenfarbene Blut unsers lieben Herrn Jesu Christi! du Feuer und Wind, auch heiße Glut, ich gebiete dir, wie Gott geboten hat dem Feuer und Glut durch sein hl. Engel in dem Feuerofen als die 3 hl. Männer, Sadarach seine Mitgesellen Messach und Abed-Nego. durch Gottes-

befehl dem hl. Engel befohlen, daß sie sollen unversehrt bleiben, wie auch geschehen: also solltest gleicherweis du Feuerflamme und heiße Glut dich legen, da der allmächtige Gott gesprochen, als er die 4 Elemente samt Himmel und Erde erschaffen hat: Fiat. Fiat, Fiat: e. i. Es werde im Namen Gottes des Vaters, des Sohnes, des hl. Geistes, Amen.

Eine Kunst, Feuer zu löschen, ohne Wasser.

Schreibe folgende Buchstaben auf eine jede Seite eines Tellers und wirf ihn in das Feuer, sogleich wird es geduldig auslöschen:

SATOR
AREPO
TENET
OPERA
ROTAS

Feuersnot zu wenden.

Nimm ein schwarz Huhn aus dem Nest, des Morgens oder des Abends, schneide ihm den Hals ab, wirfs auf die Erde, schneide ihm den Magen aus dem Leib; darnach sehe, daß du ein Stück aus, einem Hemde bekommst, das ein Mägdlein die noch eine reine Jungfrau sei ihre Zeit innen hat: nimm dann eines Tellers breit von dem, da die Zeit am meisten darinnen ist; diese 2 Stücke wickle zusammen, und gib wohl Achtung, daß du ein Ei bekommst, das am grünen Donnerstag gelegt worden; diese 3 Stücke wickle zusammen mit Wachs, darnach tue es in ein 8mäßiges Häflein, decke es zu und vergrabe es unter deine Hausschwelle. Mit Gottes Hilf so lang ein Stecken am Haus währt, wenn es schon vor und hinter deiner Behausung brennt, so kann das Feuer dir und deinen Kindern keinen Schaden tun. Es ist mit Gottes Kraft auch ganz gewiß und wahrhaftig war.

Im Fall unversehens ein Feuer ausbricht, so siehe zu, daß du ein Hemd bekommst von einer Magd die ihre Zeit darin gehabt; oder auch ein Leilachen worin eine Frau ein Kind geboren, wirft zusammen gewickelt stillschweigend ins Feuer, es hilft ganz gewiß.

Vor Hexen und Gespenster, daß sie des Nachts weder Menschen noch Vieh schaden können: an die Bettstätte oder in den Stall zu schreiben.

Trottenkopf! Ich verbiete dir mein Haus und mein Hof; ich verbiete dir mein Pferde- und Kuhstall, ich verbiete dir meine Bettstatt, daß du nicht über mich tretest, in ein anderes Haus, und steige über alle Berge und Zaunstecken und über alle Wasser, so kommt der liebe Tag wieder in mein Haus. Im Namen Gottes des Vaters, Gottes des Sohnes und Gottes des hl. Geistes, Amen.

Wie verhexten Menschen und Vieh zu helfen ist.

Drei falsche Zungen haben dich geschlossen, drei hl. Zungen haben für dich gesprochen: die erste ist Gott der Vater, die andere ist Gott der Sohn, die dritte ist Gott der hl. Geist, die geben dir dein Blut und Fleisch, Fried und Mut, Fleisch und Blut, ist an dich geboren, sei an dir verloren: hat dich überritten ein Mann, so segne dich Gott und der hl. Cyprian; hat dich überschritten ein Weib, so segne dich Gott und Maria Leib; hat dich bemühet ein Knecht, so segne ich dich durch Gott und das Himmelreich; hat dich geboren eine Magd oder Dirn, so segne dich Gott und das Himmelsgestirn, der Himmel ist ob dir, das

Erdreich unter dir, du bist in der Mitten, ich segne dich vor das Verritten; unser lieber Herr Jesus Christ in sein bitteres Leiden und Sterben trat, da zitterte alles, was da versprochen die falschen Juden aus Spott schon zu; wie zittert der Sohn Gottes, als hätte er den Ritter! Da sprach unser Herr Christus: Den Ritter ich nicht hab, auch den wird niemand bekommen, wer mir mein † hilft klagen und tragen, den will ich vom Ritter absagen, im Namen Gottes des Vaters, des Sohnes und des hl. Geistes, Amen.

Vor Gespenst und allerlei Hexerei.

I.

N. R. I.

I.

Sanctus   Spiritus

I.

N. I. R.

I.

Das alles bewahret sei, hier zeitlich und dort ewiglich, Amen.

Der Charakter, welcher dazugehört heißt:
Gott segne mich hier zeitlich und dort ewiglich, Amen.

Vor Unglück und Gefahr im Hause.

S. Matthäus. S. Marcus. S. Lucas. S. Johannes.

Vor Haus und Hof, Bewahrung vor Krankheit und Dieberei.

Ito, alo Massa Daudt Bando III. Amen. I. R. N. R. I.

Unser Herr Jesus Christus trat in den Saal, da fochten ihn die Juden überall an: also mein Tag müssen diejenigen, so mich mit ihren bösen Zungen fälschlich verkleinern, wider mich streiten, durch das Lob Gottes Leid tragen, stillschweigen, verstummen, verzagen und verschmäht werden, immer und allezeit, Gott Los verleihen; dazu hilf mir J. J. J. immer und ewiglich, Amen.

Eine Anweisung zum Beisichtragen vor Zigeunerkunst, ein Bruch in Lebensgefahr, und welches allezeit den Menschen sicherstellt.

Gleichwie der Prophet Jonas als ein Vorbild Christi 3 Tage und 3 Nächte in des Wallfisches Bauch versorgt gewesen, also wolle mich der allgewaltige Gott mich vor aller Gefahr, väterlich behüten und bewahren. J.J.J.

Vor Not und Tod zum Beisichtragen.

Ich weiß, daß mein Erlöser lebt und er wird mich hernach aus der Erde auferwecken.

Vor die Geschwulst.

Es gingen 3 reine Jungfrauen, sie wollten eine Geschwulst und Krankheit beschauen; die eine sprach: Es ist Heisch; die andere sprach: Es ist nicht, die dritte sprach: Ist es denn nicht, so komm unser lieber Herr Jesus Christ: im Namen der hl. Dreifaltigkeit gesprochen.

Vor Widerwärtigkeit und allerhand Streit.

Kraft, Friede, Friedefürst, J. J. J.

Wenn einer Kuh die Milch genommen, wie ihr zu helfen.

J. Kreuz Jesu Christi Milch goß
J. Kreuz Jesu Christi Wasser goß,
J. Kreuz Jesu Christi haben goß.

Diese 3 Worte müssen auf 3 Zettel geschrieben sein, darnach nimm Milch von einer kranken Kuh und diese 3 Zettel, schabe etwas von einer Hirnschale eines armen Sünders, tue alles in einen Hafen, vermache es so wohl und siede es recht, so muß die Hexe krepieren. Man kann auch die 3 Zettel abgeschrieben in das Maul nehmen, vor die Dachtraufe hinaus gehen und 5mal sprechen, sie dann dem Vieh eingeben, so wirst du nicht allein alle Hexen sehen, sondern es wird dem Vieh geholfen werden.

Vor das Fieber.

Bete erstlich früh, alsdann kehr das Hemd um den linken Ärmel zuerst, und sprich, kehr dich um Hemd, und du Fieber wende dich! Und nenne den Namen dessen, der das Fieber hat; das sage ich zur Buß im Namen Gottes des Vaters, des Sohnes und des hl. Geistes, Amen.
Sprich diese Worte 3 Tage nacheinander, so vergeht es.

Einen Dieb zu bannen, da er stillstehen muß.

Dieser Segen soll am Donnerstag, morgens früh vor Aufgang der Sonne und unter freiem Himmel gesprochen werden.

Ihr Diebe! Ich beschwöre euch, daß ihr sollt gehorsam sein, wie Christus seinem himmlischen Vater gehorsam war bis ans Kreuz, und müsset mir stehen und nicht aus meinen Augen gehen, im Namen der hl. Dreifaltigkeit; ich gebiete euch bei der Kraft Gottes und der Menschwerdung Jesu Christ, daß ihr mir aus meinen Augen nicht gehet ††† wie Christ, der Herr ist gestanden am Jordan, als ihn St. Johannes getaufet hat; diesem nach schwöre ich euch Roß und Mann, daß ihr mir stehet und nicht aus meinen Augen gehet, wie Christus der Herr gestanden als man ihn auf den, Berg Calvari gekreuziget, und hat die Altväter von der Höllengewalt erlöset. Ihr Diebe, ich binde euch mit den Banden, womit Christus der Herr die Hölle gebunden hat, so seid ihr Diebe gebunden † † †.

Wiederauflösung.

Ihr Roß und Mann, so ich euch hab beschworen zu dieser Frist! reitet hin in Namen Jesu Christ, durch Gottes Wort und Christi Hort; so gehet ihr nun alle fort.

Wie der Dieb das Gestohlene wiederbringen muß.

Gehe vor Sonnenaufgang zu einem Birnbaum und nimm 3 Nägel aus einer Totenbahre oder drei unge-brauchte Hufnägel mit, halte dieselbe gegen der Sonne Aufgang und sprich:

O Dieb! ich binde dich bei dem ersten Nagel, den ich dir in deine Stirn und Hirn tu schlagen, daß du das gestohlene Gut wieder an seinen vorigen Ort mußt tragen; er soll dir so weh werden nach dem Menschen und nach dem Ort, wo du es gestohlen hast, als dem Jünger Judas war, da er Jesum verraten hatte. Den andern Nagel, den ich dir in deine Lung und Leber tu schlagen, daß du das gestohlene Gut wider an seinen vorigen Ort sollst tragen; es soll dir so weh nach dem Menschen und nach dem Ort sein, da du es gestohlen hast, als dem Pilatus in der Höllenpein. Den dritten Nagel, den ich dir Dieb in deinen Fuß tu schlagen, das du das gestohlene Gut wider an seinen vorigen Ort mußt tragen: wo du es gestohlen hast: O Dieb ich binde dich und bringe dich durch die hl. 3 Nägel die Christum durch seine hl. Hand und Fuß sind geschlagen worden, daß du das gestohlene Gut wieder an seinen vorigen Ort mußt tragen, wo du es gestohlen. hast. † † †. (Die Nägel müssen aber mit Armesünderschmalz ge-schmiert werden.)

Den Schmerz einer frischen Wunde zu stillen.

Unser lieber Herr Jesus Christ hat viel Beulen und Wunden gehabt und doch keine verbunden; sie gären nicht, es gibt auch kein Eiter nicht. Jonas war blind, sprach ich, das himmlisches Kind: so war die hl. 5 Wunden sind geschlagen, sie gerinnen nicht, sie geschwären nicht: daraus nehm ich Wasser und Blut, daß ist für alle Wunden-Schäden gut; heilig ist der Mann der alle Schäden und Wunden heilen kann, † † † Amen.

So Jemand die Würmer hat.

Petrus und Jesus fuhren aus gen Acker, ackerten 3 Furchen, ackerten 3 Würmer, der eine was weiß, der andere schwarz, der dritte rot, da waren alle Würmer tot; im Namen † † †. (Sprich diese Worte dreimal.)

Sichere Blutstellung.

Sobald du dich geschnitten oder gehauen, so sprich: Glückselige Wunde, glückselige Stunde, glückselig ist der Tag, da Jesus Christus geboren war. Im Namen † † † Amen.

Oder hauche dem Patienten dreimal an, bete das Vater unser bis dahin: auf Erden etc. und das 3mal, so wird das Blut bald stehen.

Zeichen bei sich tragen in dem Streit.

In Gottes Namen greif ich an; mein Erlöser wolle mir beistehen, auf die hl. Hilfe Gottes verlaß ich mich von Herzen grausam sehr. Gott mit uns allen. Jesu, Heil und Segen.

Versicherung vor Schießen, Hauen und Stechen.

Im Namen J. J. J. Amen. Ich N. N. Jesus Christus ist das wahre Heil; Jesus Christus herrscht, regiert, verbricht und überwindet alle Feinde sichtbare und unsichtbare; Jesus sei mit mir in allweg, immer und ewiglich auf allen Wegen und Stegen, auf Wasser und Land, in Berg und Tal, im Haus und in der ganzen Welt, wo ich bin, wo ich steh, lauf, reite oder fahr, wo ich schlaf oder wach, eß oder trink, da sei du o Herr Jesu Christ, allezeit, früh und spät, alle Stund und Augenblick ich geh aus oder ein; die hl. 5 Wunden rot, o Herr Jesu Christ, die seien heimlich oder öffentlich, daß sie mich meiden, ihr Gewehr mich nicht verletzen noch beschädigen könne, das hilf mir † † † Jesus Christus mit seine Beschützung und Beschirmung; behüte mich N. N. allezeit vor täglichen Sünden, weltlichem Schaden und vor Ungerechtigkeit, vor Verachtung vor, Pestilenzen, andern Krankheiten vor Angst, Marter und Pein vor allen bösen Feinden, vor falschen Zungen und allen Plaudertaschen, daß mich kein Geschütz an meinem Leib beschädige, daß hilf mir, † † †, daß ja kein Diebsgesinde, weder Zigeuner, Straßenräuber, Mordbrenner, Hexerei oder allerlei Teufelsgespenst sich zu meinem Haus und Hof einschleichen, ja vielweniger einbrechen können: das bewahre alles die liebe Jungfrau Maria, auch alle Kinder, so bei Gott im Himmel sind in der ewigen Freud und Herrlichkeit, Gottes des Vaters erquicke mich, die Weisheit Gottes des Sohnes erleuchte mich, die Tugend und Gnade Gottes des hl. Geistes stärke mich zu jeder Stunde bis in Ewigkeit, Amen.

Gewehr- und Waffenstellung.

In Gottesnamen schreit ich aus: Gott der Vater sei ob mir, Gott der Sohn sei vor mir, Gott der hl. Geist neben mir: wer stärker ist als diese drei Mann, der soll mir sprechen mein Leib und Leben an; wer aber nicht stärker ist denn diese 3 Mann der soll mich bleiben lan. J. J. J.

Eine geschwinde Stellung.

Ich N. N. beschwöre dich Säbel Messer und eben alle Waffen bei dem Speer, der in die Seiten Jesu gegangen ist und dieselbe geöffnet, daß Blut und Wasser heraus geflossen, daß er mich als einen Diener Gottes nicht beleidigen lasse. † † † Amen.

Einen Stecken zu schneiden, daß man einen damit prügeln kann, soweit er auch selber entfernt ist.

Merke, wenn der Mond neu wird an einem Dienstag, so gehe vor der Sonnen Aufgang aus, tritt zu einem Stecken, den du dir zuvor schon ausersehen hast, stelle dich mit deinem Gesicht gegen der Sonnen Aufgang: und sprich diese Worte: Steck ich greife dich an im Namen † † †.
Nimm dein Messer in die Hand und sprich wieder; Steck, ich schneide dich im Namen † † †, daß du mir sollst gehorsam sein, welchen ich prügeln will, wann ich einen Namen antrete; darnach schneide auf zwei Orte am Stecken etwas hinweg, damit du kannst diese Worte darauf schreiben, stechen oder schneiden: *Abia, obia, sabia*: lege einen Kittel auf einen Scheerhaufen, schlage mit deinem Stecken auf den Knittel und nenne des Menschen Namen, welchen du prügeln willst; und schlage tapfer zu, so wirst du denselben ebenso hart treffen, als wenn er selber da-

runter wäre, und doch oft viele Meilen Wegs von dem Orte entfernt ist. Statt dem Scheerhaufen tuts auch die Schwell unter der Türe, womit ein Schäfer von Bieneck an seinem Edelmann die Probe gemacht.

Eine approbierte Schußstellung.

Es sind 3 heilige Blutstropfen Gott dem Herrn über sein hl. Angesicht geflossen: die 3 hl. Blutstropfen sind vor das Zündloch geschoben, so rein als unsere liebe Frau von allen Männern war; ebenso wenig soll ein Feuer oder Rauch aus dem Rohr gehen; Rohr gib du weder Feuer noch Flamm noch Hitze. Jetzt geh ich aus, denn Gott der Herr geht vor mir hinaus, Gott der Sohn ist bei mir, Gott der hl. Geist schwebt ob mir allezeit, Amen.

Daß kein Anderer ein Wild schießen kann.

Sprich dessen Namen, z B. Jakob Wohlgemuth schieß was du willst, doch schieß nur Haar und Federen mit und was du den armen Leuten gibst † † † Amen.

Ein besonders Glück einen zu bezwingen, der sonst für Viele gewachsen.

Ich N. N. tue dich anhauchen: 3 Blutstropfen tue ich dir entziehen; den ersten aus deinem Herzen, den andern ans deiner Leber, den dritten aus deiner Lebenskraft, damit nehm ich dir deine Stärke und Mannschaft.
Habi Massa denti latien I. I. I.

Ein Segen vor Feinde, Krankheit und Unglück.

Der Segen der vom Himmel von Gott dem Vater kommen ist, da der wahre lebendige Sohn Gottes geboren ward, der gehe über mich allezeit, der Segen den Gott tat dem menschlichen Geschlechte, der gehe über mich allezeit, das hl. † Gottes, so lang und breit als Gott seine so bittere Dornenkron, die Christo Jesu auf sein hl. Haupt gedrückt worden, gesegne mich heut und allezeit; der Speer, durch welchen Jesu Christo seine heilige Seiten geöffnet werden, gesegne mich heut und allezeit; das rosenfarbe Blut: das sei mir vor alle meine Feinde gut, und vor alles, was mir schaden tut an Leib und Leben oder Hofgut, gesegnen mich zu aller Zeit die hl. fünf Wunden, damit alle meine Feinde werden vertrieben oder gebunden, da Gott alle Christenheit mir hat ufangen, das hilf mir Gott der Vater und der Sohn und der hl. Geist. Amen. Also muß ich N. N. so gut und sowohl gesegnet sein, als der hl. Kelch und Wein, und das wahre lebendige Brot, das Jesus den 12 Jüngern an dem grünen Donnerstag Abends gab; alle die mich hassen, müssen mir alle stillschweigen, ihr Herz sei gegen mir erstorben, ihre Zunge verstumme, daß sie mir ganz und gar nicht zum Haus und Hof, oder sonst Schaden tun können; auch alle, die mich mit ihren Gewehr oder Waffen wollen angreifen und verwunden, die seien vor mir unsieghaft, lasch und unwehrsam; das helfe mir die heilige Gotteskraft, die macht alle Waffen und Geschütz unbrauchbar, alles im Namen Gottes des Vaters, des Sohnes, und des heiligen Geistes, Amen.

Eine Kugelabweisung.

Die himmlische und heilige Posaunen, die blasen alle Kugeln und Unglück von mir und gleich von mir ab; ich fliehe «rkter dem Baum dies Lebens, der zmviferlei Fruchte trägt; ich fliehe unter den Baum des Lebens, der zwölferlei Früchte trägt; ich fliehe hinter den hl. Altar der christlichen Kirche; ich befehle mich der heiligen Dreifaltigkeit; die N. N. verberge mich hinter den Fronleichnam Jesu Christi, ich befehle mich in die Wunden Jesu Christi, daß ich von keines Menschen Hand werde gefangen, noch gebunden, nicht gehauen nicht geschossen, nicht gestochen, nicht geworfen, nicht geschlagen und überhaupt nicht verwundet werde; das hilf mir N. N.

Welcher dieses Büchlein bei sich trägt, der ist sicher vor allen seinen Feinden, sie seien sichtbar oder unsichtbar; und auch den der dieses Büchlein bei sich hat, der kann ohne den ganzen Fronleichnam Jesu Christi nicht sterben, in keinem Wasser ertrinken, in keinem Feuer verbrennen, auch kann kein unrecht Urteil über ihn gesprochen werden, dazu hilf mir †††.

Daß einer das Gestohlene wieder bringen muß.

Gehe Morgens früh vor Sonnenaufgang zu einem Wachholderstrauch und bieg ihn gegen den Sonnenaufgang mit der linken Hand und sprich: Wachholderbusch! ich tu dich bücken und drücken, bis der Dieb dem N. N. sein gestohlen Gut wieder an seinen Ort hat getragen.
Du mußt einen Stein nehmen und auf den Busch legen, und unter den Stein auf den Busch eine Hirnschale von einem Übeltäter. † † †. Du mußt aber Achtung geben, wenn der Dieb das Gestohlene wieder gebracht hat, daß du den Stein wieder an seinen ersten Ort trägst und hinlegst, wie er lag und den Busch wieder losmachest.

So einer im Frühjahre, das erstemal Vieh austreibt.

Das liebe Vieh geht diesen Tag und so manchen Tag und das ganze Jahr über manchen Graben ich hoff und trau! da begegneten ihm drei Knaben: der erste ist Gott der Vater, der andere ist Gott der Sohn, der dritte ist Gott der heilige Geist, die behüten mir mein Vieh, sein Blut und Fleisch! und macht ein Ring um sein Vieh; und den Ring hat gemacht Maria ihr liebes Kind, und der Ring ist beschlossen mit 77 Schlösser, das behüt mir Gott mein Vieh, sein Blut, Milch und Fleisch, daß mir kein böser Mensch anschaue, keine böse Hand angreife, kein böser Wind anwehe, kein Tier beiß wie auch kein wildes Tier zerreiß, kein Baum fällt, keine Wurzel stecke und kein Dieb nimmt und wegführt das Vieh im Anfange des Erstenmals sei geschlossen und das ganze Jahr mit † † † also fest beschlossen.

Vor das Zahnweh.

St. Petrus stand unter einem Eichenbusch, da sprach unser lieber Herr Jesus Christ zu Petrus: Warum bist du so traurig? Petrus sprach: Warum sollt ich nicht traurig sein? Die Zähne wollen mir im Mund verfaulen. Da sprach unser lieber Herr Jesus Christ zu Petrus: Peter geh hin im Grund und nimm Wasser in den Mund, und spei es wieder aus im Grund, † † †. Amen.

Wenn ein Schaf oder ander Vieh ein Bein gebrochen, wie ihm zu helfen sei.

Beinbruch! ich segne dich auf diesem heutigen Tag, bis du wieder gesund bist an den 9. Tag, wie nun der liebe Gott der Vater, wie nun der liebe Gott der Sohn, wie nun Gott der liebe heilige Geist es haben mag! heilsam ist diese gebrochene Wunde, heilsam ist diese Stunde, heilsam ist dieser Tag, da unser lieber Herr Jesus Christus geboren war: jetzo nehm ich diese Stund, sich über diese brochene Wund, daß diese brochene Wund nicht geschwell und nicht geschwär, bis die Mutter Gottes einen andern Sohn gebär † † †.

Zu obigem Beinbruch muß folgendes Pflaster gebraucht werden, als erstlich einen guten Schuß Pulver klein gestoßen, alsdann nehm Hefen so viel als ein halbes Ei, und das Klare von 2 Eiern, alles durcheinander gemacht und übergeschlagen: ist approbiert.

Das Einer von allen Stricken, und Banden könne frei werden.

Wie der Sohn dem Vater gehorsam war bis zum Tod des Kreuzes, also behüte mich der ewige Gott heut, durch sein rosenfarbenes Blut, durch die hl. 5 Wunden, welche er am Stamme des Kreuzes bekommen und erlitten hat; also muß ich los und wohl gesegnet sein, wie der Kelch und das wahre Himmelsbrot, das Jesus seinen 12 Jüngern bot am grünen Donnerstag. Jesus ging über das rote Meer und sahe in das Land, also müssen zerreißen alle Rohr, Gewehr und Waffen gestellet sein und stumpf unbrauchbar sein. Der Segen den Gott tat, da er den Menschen erschaffen hat, der gehe über mich N. N. allezeit. Der Segen, den Gott tat, da Jesus und Maria und Joseph in Ägypten flohen, der gehe über mich allezeit, daß ich sei lieb und wert; das gute Kreuz in meiner rechten Hand, damit ich gehe durch die Freie des Landes, daß ich nicht werde erschlichen oder beraubt, nicht geschlagen, beschädigt oder getötet. Behüte mir mein Gott, mein Blut und Fleisch vor bösen Stunden und falschen Zungen, die von der Erde bis an den Himmel reichen, durch die Kraft des hl. Evangelisten St. Johannes. Im Namen † † †.

Wenn einer hinausgeht und dieses nachfolgende spricht, so ist er versichert, daß kein Degen oder anderes Gewehr über ihn gezogen werden kann.

Gott grüß euch, ihr Brüder Wohlgemut! ihr habt getrunken Jesu zu gut. Gott der Vater ist mit mir Gott der Sohn ist mir euch, Gott der hl. Geist sei zwischen uns beiden und euch allen, das, keiner ein Degenheft oder Scheide ziehen kann. Herr Jesu, dein bin ich! Ich befehle mich der hl. Dreifaltigkeit; ich befehle Gott dem Vater † † †; ich befehle mich dem süßen Namen Jesu Christ! der ob mir ist; so wahr der Herr lebt und schwebt, so wahr wird mich sein hl. Engel behüten und bewahren im Hin- und Hergehen! Gott der Vater sei meine Macht, Gott der Sohn ist meine Kraft. Gott der hl. Geist ist meine Stärke: Gottes hl. Engel schlagen und jagen alle meine Feinde und Diebsketten hinweg, gleichwie Sonn und Mond sind stillgestanden am Jordan, da Josua mit den Philistern schlug. Es stehen 3 Rosen auf Gottes Hirn; die erste ist gütig, die zweite sanftmütig, die dritte sein göttlicher Wille; wer darunter ist, muß halten still. † † †. Amen.

Ein Segen gegen alles Geschoß.

Der Segen Gottes des himmlischen Vaters, der gehe über mich; der Segen, den der hl. Patriarch Jakob über seinen Sohn Josef tat da er in Ägypten verkauft ward, der gehe über mich N. N.; den Segen, den Tobias tat über seinen Sohn gleiches Namen, da er in fremde Lande ging, der gehe über mich N. N.; der Segen den Johannes tat, da er Jesum im Jordan getauft hat, der komme über mich N. N.; der Segen Johannis des Kelchevangelisten, der komme über mich N. N. der helfe mir an Leib und Seel, im Namen † † †.

Eine Beschützung, daß wer diesen Segen bei sich trägt, ein groß Geheimnis; mit sich führt, daß es kein Mensch begreifen kann.

Christus mitten im Frieden durch seine Jünger ging: St. Matthäus. St. Marcus, St. Lukas, St. Johannes, diese 4 Evangelisten mich N. N. beschützen durch die hochgelobte Majestät und die einige Gottheit J. J. J. Amen. I. G. I. I. R. 8. 121. sei bei mir in aller Fernzeit † † †.

Aussegnung des Hauses.

Bei der Aussegnung eines Hauses segne zuvor einen geschriebenen oder gedruckten Zettel, auf welchem der Name Jesus gezeichnet ist. Dieser Zettel wird sodann an alle Haustüren geheftet.

Weihe des Zettels.

Segne † o Herr Jesu diese gedruckten (oder geschriebenen) Buchstaben deines heiligsten Namens und verleihe, daß, wie du den Lahmen im Vertrauen auf deinen hl. Namen gehen gemacht hast, als ihm Petrus sagte: im Namen Jesu Christi des Nazareners steh auf und gehe, so auch deine Kreatur, die das Gepräge deines heiligen Namens andächtig bei sich trägt, durch deine treueste Barmherzigkeit von jeder Krankheit und Versuchung des Teufels befreit werde. Und an welchem Orte immer die Figur deines schreckbaren Namens aufgeheftet sein wird, soll kein böser Geist Zugang finden, oder seine bösen Zaubereien durch sich oder andere ausüben.

Nun beginnt die Aussegnung des Hauses.

Beschwörung.

Ich beschwöre dich alte Schlange durch den Richter der Lebendigen und der Toten, durch den Schöpfer und Erhalter der Welt, durch den, der die Macht besitzt, dich in die Hölle zu stürzen, daß du eilends aus diesem Hause weichest und von nun an weder Menschen noch Tiere quälest. Er, der den Winden und dem Meere gebietet, befiehlt dir, verfluchter Teufel, derjenige befiehlt dir, der dich von den Sitzen des Himmels in den tiefsten Abgrund der Erde schmetterte; der befiehlt dir, der gesagt hat: Taubstummer Geist gehe aus vom Menschen. Höre also Satan oder unreiner Geist, wer du immer bist, höre mit Furcht und Zittern: Du sollst besiegt und zu Boden geworfen von hier weichen, beschworen im Namen unsers Herrn Jesu Christi und in der Kraft des hl. Geistes.

Und dieses Zeichen des hl. Kreuzes †, das ich gegen dich zeichne, du verdammter Teufel, sowie dieses Haus sollst du nie verletzen. Dies Haus, das ich durch das Leiden unsers Herrn Jesu Christi weihe,

sollst du nie mehr betreten und zwar auf den Befehl desselben unsers Herrn Jesu Christi, der da kommen wird zu richten die Lebendigen und die Toten und die Welt durch Feuer.
Solltest du aber ein guter Geist sein und der menschlichen Hilfe bedürfen, so beschwöre ich dich durch die Kraft des lebendigen Gottes und durch das Leiden unsers Herrn Jesu Christi, daß du ohne Schrecken und Schaden irgend eines Menschen dich kund geben und anzeigest, wie dir zu helfen sei.

Hier gehe im ganzen Hause herum und besprenge die Wände mit Weihwasser. Dann tauche den Daumen der rechten Hand in das Weihwasser und zeichne in der Mitte der vier Wände fünf Kreuzzeichen und spreche bei jeder Bezeichnung:

Dies Haus werde gesegnet † und geheiligt † im Namen des Vaters † und des Sohnes † und des hl. Geistes † Amen.

Jetzt hefte den Zettel, auf welchem der Namen Jesus geschrieben steht, mit einem Hostienfragmente an die Tür und spreche:

Gleichwie der Engel, der die Ägypter schlug, bei den Häusern vorüberging, wo die Türschwellen der Hebräer mit dem Blute des Lammes bestrichen waren, so wage der Teufel nicht in dem Hause einem

Menschen zu schaden, der durch diese Türe geht, die durch Anheftung des gesegneten Namens Jesu geheiligt ist. Amen.

Hefte Agatha-Zettel dazu und spreche ferner:

Herr erhalte das Haus, das ich jetzt von unreinen Geistern reinige, segne † und heilige †, ewig unbefleckt. Ich zerstöre †, vertilge † und zernichte † alle Malefize, die da gemacht sind oder gemacht werden möchten durch die Allmacht Gottes des Vaters †, durch die Weisheit Gottes des Sohnes † und durch die Güte des hl. Geistes. †

Heilige Maria, deinen Namen rufe ich über dieses Haus an und bitte dich kniefällig um deinen Segen, denn du bist die Mutter der schönen Liebe und alles Segens. Ihr Heiligen Gottes, die ihr mit Christo im Himmel regiert, segnet und heiligt dieses Haus, damit die Teufel und ihre verfluchten Anhänger in demselben weder liegen noch stehen können, sondern daß durch euern Segen alles gehoben werde und verschwinde.

Im Namen Gottes † des Vaters, Gottes † des Sohnes, und Gottes † des hl. Geistes Amen.

Ein Segen vor Feuersbrunst.

Schreibe auf einen Zettel:

Heli Heloim, Sothar, Emanuel, Sabaoth, Agla, Tetragrammaton, Hagios, Othnos, Ischyros, Athanatos, Jehova, Adonai, Saday, Messias. Der unerschaffene Vater †, der unerschaffene Sohn †, der unerschaffene hl. Geist †, Jesus Christus der König der Herrlichkeit kommt im Frieden. Das Wort ist Fleisch geworden, † und Gott Mensch. Christus † überwindet. Christus † herrscht. Christus † befiehlt. Christus behüte und bewahre dieses Haus vor Blitz und Feuer.

Besprenge den Zettel dann mit Weihwasser, und hefte diesen an die Haus- oder Stalltüre.

Der hl. Agatha-Segen.

Nimm einen Zettel und schreibe darauf:

Mentem sanctam † spontaneam †
Honorem DEO † et Patriae
Liberationem.
Sancta Agatha Ora pronobis.

Laß ihn segnen am Agatha-Tag und hefte ihn an deine Haustüre. Bewahrt mit Gottes Hilfe vor Feuer.

Segen der hl. 3 Könige.

Nimm einen Zettel und schreibe darauf:

† C. † M. † B.
Sancti tres Reges † Caspar, † Melchior,
† Balthasar orate
pro nobis nunc et in hora mortis
nostrae.

Laß ihn segnen am Dreikönigstag und trag ihn bei dir. Dieser Zettel ist gut für alle Reisegefahren, Hauptweh, fallende Krankheit, Fieber, Zauberei und jähen Tod, durch einen festen Glauben.

Litanei von allen Heiligen.

O Herr, erbarme dich unser!
Christe, erbarme dich unser!
Herr, erbarme dich unser!
Christe, höre uns!
Christe erhöre uns!
Gott Vater vom Himmel, erbarme dich unser!
Gott Sohn, Erlöser der Welt, erbarme dich unser.
Gott heiliger Geist, erbarme dich unser.
Heilige Dreifaltigkeit ein einiger Gott, erbarme dich unser.
Heilige Maria, bitt für uns.
Heilige Gottes Gebärerin, bitt für uns.
Heilige Jungfrau aller Jungfrauen, bitt für uns.
Heiliger Michael, bitt für uns.
Heiliger Gabriel, bitt für uns.
Heiliger Raphael, bitt für uns.
Alle heilige Engeln und Erzengeln, bittet für uns.
Alle hl. Chöre der seligen Geister, bittet für uns.
Heiliger Johannes der Täufer, bitt für uns.
Heiliger Joseph, bitt für uns.
Alle heilige Patriarchen und Propheten, bittet für uns.
Heiliger Peter, bitt für uns.
Heiliger Paulus, bitt für uns.
Heiliger Andreas, bitt für uns.
Heiliger Johannes, bitt für uns.
Heiliger Jakob, bitt für uns.
Heiliger Thomas, bitt für uns.
Heiliger Jakob, bitt für uns.

Heiliger Philipp, bitt für uns.
Heiliger Bartholomäus, bitt für uns.
Heiliger Matthäus, bitt für uns.
Heiliger Simon, bitt für uns.
Heiliger Thaddäus, bitt für uns.
Heiliger Matthias, bitt für uns.
Heiliger Barnabas , bitt für uns.
Heiliger Lukas, bitt für uns.
Heiliger Markus, bitt für uns.
Alle hl. Apostel und Evangelisten, bittet für uns.
Alle heilige Jünger des Herrn, bittet für uns.
Alle heilige Kinder, bittet für uns.
Heiliger Stephan, bitt für uns.
Heiliger Laurentius, bitt für uns.
Heiliger Vinzenz bitt für uns,
Heiliger Fabian und Sebastian, bittet für uns.
Heiliger Johann und Paul bittet für uns.
Heiliger Kosma und Damian, bittet für uns.
Heiliger Gervasius und Protasius, bittet für uns.
Alle heilige Märtyrer, bittet für uns.
Heiliger Silvester, bitt für uns.
Heiliger Gregorius, bitt für uns.
Heiliger Ambrosius, bitt für uns.
Heiliger Augustinus, bitt für uns.
Heiliger Hieronymus, bitt für uns.
Heiliger Martin, bitt für uns.
Heiliger Nikolaus, bitt für uns.
Alle hl. Bischöfe und Beichtiger, bittet für uns.
Alle heilige Lehrer, bittet für uns.
Heiliger Antonius, bitt für uns.
Heiliger Benedikt, bitt für uns.
Heiliger Bernhard, bitt für uns.

Heiliger Dominikus, bitt für uns.
Heiliger Franziskus, bitt für uns.
Vom jähen und unversehenen Tode,
Alle heilige Priester und Leviten, bittet für uns.
Alle heil. Mönche und Einsiedler, bittet für uns.
Heilige Maria Magdalena, bitt für uns.
Heilige Agatha, bitt für uns.
Heilige Lucia, bitt für uns.
Heilige Agnes, bitt für uns.
Heilige Cäcilia, bitt für uns.
Heilige Katharina, bitt für uns.
Heilige Anastasia, bitt für uns.
Alle hl. Jungfrauen und Witwen, bittet für uns.
Alle Heilige Gottes, bittet für uns.
Sei uns gnädig, verschone uns, o Herr!
Sei uns gnädig, erhöre uns, o Herr!
Von allem Übel,
Von aller Sünde,
Von deinem Zorne,
Vom jähen und unversehenen Tode,
Von den Nachstellungen des Teufels.
Vom Zorn, Haß, und allem bösen Willen.
Von dem Geiste der Unlauterkeit,
Vom Blitz und Ungewitter,
Von Pest, Hunger und Krieg,
Von dem ewigen Tode,
Durch das Geheimnis deiner hl. Menschwerdung,
Durch deine Ankunft,
Durch deine Geburt,
Durch deine Taufe und heilige Fasten,
Durch dein Kreuz und Leiden,
Durch deinen Tod und Begräbnis,

Durch deine heilige Auferstehung,
Durch deine wunderbarliche Auffahrt, erlöse uns, o Herr!
Durch die Ankunft des heiligen Geistes des Trösters, erlöse uns, o Herr!
Am Tage des Gerichts, erlöse uns, o Herr!
Wir arme Sünder, wir bitten dich, erhöre uns.
Daß du unser verschonest,
Daß du uns verzeihest,
Daß du uns zu wahrer Buße bringen wollest,
Daß du deine heilige Kirche regieren und erhalten wollest,
Daß du den apostolischen obersten Hirten, und alle Stände der Kirche in deiner heiligen Religion erhalten wollest,
Daß du die Feinde der heiligen Kirche demütigen wollest,
Daß du den christlichen Königen und Fürsten Frieden, und wahre Einigkeit geben wollest,
Daß du dem christlichen Volke Frieden Einigkeit verleihen wollest,
Daß du uns selbst in deinem heiligen Dienste erhalten wollest,
Daß du unsere Gemüter zu himmlischen Begierden erhebest,
Daß du alle unsere Guttäter mit den ewigen Gütern belohnest,
Daß du unsere, und unserer Brüder Freunde, und Guttäter Seelen von der ewigen Verdammnis erledigest,
Daß du die Früchte der Erde geben und erhalten wollest,

Daß du allen abgestorbenen Christgläubigen die ewige Ruhe verleihen wollest,
Daß du uns erhören wollest, wir bitten dich, erhöre uns.
O du Lamm Gottes, welches du hinnimmst die Sünden der Welt, verschone uns, o Herr!
O du Lamm Gottes, welches du hinnimmst die Sünden der Welt, erhöre uns, o Herr!
O du Lamm Gottes, welches du hinnimmst die Sünden der Welt, erbarme dich unser, o Herr!
Christe, höre uns. Christe, erhöre uns.
Herr, erbarme dich unser.
Christe, erbarme dich unser.
Herr, erbarme dich unser.